이 순간이 영원하길

May this moment last forever

Kwon Min-Ja

Copyright ⓒ 2009 by Kwon Min-Ja
Published by ST PAULS, Seoul, Korea

ST PAULS
103-36 Songjung-dong Gangbuk-gu 142-806 Seoul Korea
Tel 02-9448-300, 02-986-1361 Fax 02-986-1365

국립중앙도서관 출판시도서목록(CIP)

이 순간이 영원하길 / 엮은이: 권민자. – 서울 : 성바오로, 2009
  p. ; cm

표제관련정보: 예수마음기도 40일 영성수련 피정 체험 글 모음
ISBN 978-89-8015-704-4 03230 : \10000

영성 생활[靈性生活]

234.8-KDC4
248.5-DDC21   CIP2009000666

이 순간이 영원하길

예수마음기도 40일 영성수련
피정 체험 글 모음

권민자 수녀 엮음

성바오로

여는 글

"하느님께서 보시니 손수 만드신 모든 것이 참 좋았다."(창세1,31)

이 책에 실린 글들은 '예수마음기도 40일 영성수련'의 여정을 저와 함께 하면서 하느님을 체험했던 분들이 직접 쓴 내용입니다.

'예수마음기도 40일 영성수련'은 그리스도인으로서 성숙한 신앙생활을 하기 위한 영성수련의 여정입니다. 하느님을 위해서 일생을 봉헌하고 사는 사람들이 걸어가는 여정이기도 합니다. 그러므로 이 수련을 하신 분들은 수도자나 성직자가 많습니다. 성사 생활과 성경 공부 그리고 신앙생활을 꾸준히 하면서 '예수마음기도 8박 9일 피정'을 마쳐야 40일 영성수련에 임할 수 있습니다. 40일 영성수련을 마친 분들이 49차에 걸쳐 360명이 넘습니다. 이런 분들의 글은 모두가 다 소중하고 귀합니다. 사정상 모두의 글을 다 싣지 못하는 아쉬움이 매우 큽니다. 다음 기회에 하느님을 체험하신 모든 분들의 글을 나눌 수 있기를 희망해 봅니다. '예수마음기도 40일 영성수련'을 마치면서 마음으로부터 우러나오는 기도를 하느님께 바치며 썼던 이 귀한 글들을 나눌 수 있도록 허락해 주신 모든 분들께 진심으로 감사드립니다.

'예수마음기도 40일 영성수련' 여정에 참여하셨던 분들은 예수님께서 말씀하신 대로 어린아이 같은 마음으로 하느님께 청하고, 찾고, 두드리는 기도를 했습니다. 하느님께서는 그 기간 동안 각각의 사람에게 당신이 계획하신 일을 하셨습니다. 그때까지 살아오면서 '자기 자신도 모르게 만들어진 나'를 보게 해 주셨고, 태초에 하느님께서 '손수 만드신 참 좋은 나'를 되찾게 해 주셨습니다. 이 세상에서 가장 아름다운 삶은 하느님께서 주신 본래의 모습을 되찾아 하느님의 마음으로 살아가는 삶이라고 생각됩니다.

제1부는 40일 영성수련을 마치며 마음으로부터 우러나오는 짧은 기도를 적은 글입니다. 제2부는 이 수련에서 체험한 내용을 전체적으로 간략히 정리했으며, 제3부는 수련의 단계별 여정에 따라 자신의 하느님 체험을 서술했습니다. 그리고 마지막 제4부는 수련을 마친 후에 일상에서 기도 생활을 실천했던 내용과, 수련을 마친 이후에 있었던 8박 9일 연중 피정에서 다시 한 번 하느님을 깊이 체험했던 내용, 40일 영성수련의 하느님 체험을 표현한 악보로 구성되어 있습니다. '예수마음기도 40일 영성수련'을 마쳤다고 해서 기도의 어느 정점에 도달한 것은 아닙니다. 40일 영성수련을 마친 후에도 삶 안에서 그리스도가 자신 안에 형성되기까지는 끊임없는 수련을 해야 합니다. 그래서 40일 영성수련을 마친 분들도 매

년 8박 9일 피정을 권하고 있습니다.

끝으로 하느님과의 여정을 하면서 어느 순간에 하느님을 만나는 기쁨을 그림으로 표현해 주신 연제식 신부님과, 기꺼이 출판을 허락해 주신 성바오로출판사 임직원 여러분에게 마음 깊이 감사를 드립니다. 이 소중한 글을 읽으면서 하느님의 크신 사랑의 마음을 알아듣고 하느님을 깊이 만나고자 하는 원의가 생기고, 또 기도를 통해서 하느님을 깊이 만날 수 있다면 그보다 더한 기쁨이 없을 것 같습니다.

2009년 1월에

'성심수녀회' | 권민자 수녀

추천의 글

"하늘나라는 밭에 숨겨진 보물과 같다. 그 보물을 발견한 사람은 그것을 다시 숨겨 두고서는 기뻐하며 돌아가서 가진 것을 다 팔아 그 밭을 산다."
(마태 13,44)

하느님을 찾아가는 여정은 마치 밭에 묻혀 있는 보물을 발견하고 그것을 차지하기 위해 온갖 수고를 아끼지 않는 사람들의 마음과 같습니다. '예수마음기도 40일 영성수련' 피정을 마치신 분들의 체험을 담은 이 책 〈이 순간이 영원하길〉에 실린 글들을 접하면서 다른 곳에서 맛보지 못한 강한 희열과 응집된 삶의 열정을 느끼게 됩니다. 그것은 모든 것을 온전히 하느님께 맡기고, 온 존재로써 하느님을 따르고자 갈망하는 영혼들의 진솔하고 열정적인 고백이기 때문입니다. 하느님 나라의 보화를 발견한 이들의 기쁨에 넘친 외침은 이 세상 누구도 빼앗아 갈 수 없는 깊은 평화와 지고의 가치가 무엇인지 알려 줍니다.

새벽을 깨우며 눈 비비고 일어나 무질서한 애착에서 올라오는 온갖 상념을 떨쳐 버리고, 하느님의 현존 안에 고요히 머물고자 애썼던 시간들, 과거와 현재와 미래, 삶의 긴 여정 속에서 상처와 회한으로 얼룩진 죄짐들을 내려놓고 하느님만으로 채워졌던 순간들….

하느님을 체험한 사람들은 각자가 정도의 차이는 있겠지만 지금 죽어도 여한이 없겠다는 진한 구원의 순간을 체험하면서, 바로 이 구원의 순간이 영원으로 이어질 것이라는 확신을 갖게 됩니다. 이 시간들 안에서 우리는 "너는 마음을 다하고 목숨을 다하고 정신을 다하고 힘을 다하여 주 너의 하느님을 사랑해야 한다."(마르 12,30)는 첫째 계명의 의미를 깨닫게 되고 "네 이웃을 너 자신처럼 사랑해야 한다."(마르 12,31)는 계명이 또 하나의 가장 크고 중요한 계명으로 고백하게 될 것입니다.

바로 지금, 저 자신이 5년 전 '예수마음기도 40일 영성수련' 피정을 하며 느꼈던 많은 은총과 감사의 시간들이 생생하게 떠오릅니다. 이 자리를 빌어 십여 년 이상 지치지 않는 열정으로 예수마음기도를 지도해 오신 권민자 수녀님과 예수마음배움터 관계자 분들께 깊은 감사와 격려의 말씀을 전하며, 앞으로 더욱 많은 분들이 예수마음기도를 통하여 주님을 발견하고 섬기는 기쁨을 간직하실 수 있기를 기원합니다.

2009년 2월

'성심수녀회' 관구장 | **최혜영 수녀**

| 차례 |

여는 글

추천사

길이요, 진리요, 생명이신 예수님 | 권민자 수녀

제1부 | 영성수련을 마치고 바치는 기도 |

이것이 보물이다 | 김대균 신부 __19

참생명의 여인 | 유승록 신부 __20

저… 예수님 | 민동규 신부 __22

당신이 얼마나 좋은지! | 권순이 수녀 __26

일어나라! 깨어나라! | 백순자 수녀 __28

잃었던 큰아들 | 조해인 신부 __30

그분께서 부활하셨도다 | 신소희 수녀 __32

산과 나 그리고 빛 | 성재기 신부 __34

이 몸 둘 곳 예수님뿐이외다 | 김경희 수녀 __36

나는 물었지! | 유승록 신부 __38

사랑이시여! | 최길자 수녀 __39

영혼의 노래 | 송종례 수녀 __42

감사합니다, 아버지! | 김동훈 신부 __44

주님, 영원히 찬미받으소서! | 이민순 수녀 __46

예수님은 여기 계십니다 | 이현숙 수녀 __48

그분이 나를 덮치셨네! | 나궁열 신부 __50

나의 기쁨, 나의 귀염둥이야, 나와 결혼하자 | 이명화 __54
아, 아빠, 아버지! | 변수운 수녀 __56
좋은 걸 어떻게 해! | 김화태 신부 __58
성령을 받아라! | 김귀말 수녀 __60
사랑하는 당신의 딸 | 김영숙 수녀 __62
나를 따라라 | 이학율 신부 __64
초대해 주신 하느님 찬미받으소서! | 김정심 수녀 __66
라뿌니! 당신이군요! | 천영수 신부 __68
사랑의 신비여! | 손인숙 수녀 __70
사랑합니다 | 강승수 신부 __72
감사가 햇살처럼 | 김지민 신학생 __74
하느님, 당신은 누구십니까? | 김희경 수녀 __78
당신만이 나의 행복 | 김금자 수녀 __80
내 안에 머물러라 | 김영수 신부 __82
아버지 하느님! | 김동순 수녀 __86
하느님 앞에 서니 | 손광배 신부 __87
나의 주님, 나의 하느님 | 장경아 수녀 __90
두리번거리다 | 김태원 신부 __92
하느님 저는 당신을 만났습니다 | 이순선 수녀 __94
주님! 이제 제 마음에 머무르십시오 | 권순희 __96
사랑 찾아 떠난 여행 | 이향재 수녀 __98
아! 자유로움 | 김순자 수녀 __100

님의 사랑, 님의 현존뿐! | 손민숙 수녀 __101

하느님, 나의 아버지! | 양기승 수사 __104

들어보세요, 제 마음을! | 노경수 수녀 __106

당신은 제 생의 전부입니다 | 곽정희 수녀 __108

사랑하는 나의 님이여! | 황인기 신부 __111

주님은 찬미와 영광 받으소서 | 안성철 신부 __114

이제 멈춰 서서 나와 함께 머물자 | 최혜영 수녀 __116

고백 | 이미숙 수녀 __118

십자가 위에서 춤을 | 박재홍 신부 __121

두드리시오, 열어 주실 것입니다 | 김유정 신부 __124

주님을 만난 후 | 홍정순 수녀 __126

새로운 길 | 박상용 신부 __128

주님! 주님께서 하십시오 | 조영숙 수녀 __130

깊이, 길이 사랑하고저 | 이은주 수녀 __132

빈들에서 만난 참생명 | 서재숙 수녀 __134

빛의 하느님 | 이수기 수녀 __137

저의 주님, 사랑합니다 | 주성호 신부 __140

새 하늘 새 땅 | 임선 수녀 __142

황무지를 가꾸시다 | 이은희 수녀 __144

주님 감사합니다 | 김용운 신부 __146

주님, 다 고맙습니다 | 이연학 신부 __150

제2부 | 내가 체험한 영성수련 |

동행 | 김훈 신부 __153
24시간 내내 1초도 남김없이 | 박노문 신부 __155
분심의 통제 구역 | 윤기선 신부 __157
전인격적으로 하느님을 만나게 하는 '예수마음기도' | 서문희자 수녀 __159
세 번째 탄생 | 박종탁 신부 __161

제3부 | 영성수련 6단계 여정 체험 |

아! 자유롭다 | 최승경 수녀 __167
내가 너를 뽑아 세웠다 | 서철 신부 __176

제4부 | 영성수련 후의 하느님 체험 |

하느님을 만나는 전인적인 기도의 삶 | 김귀말 수녀 __191
참생명이신 주님 | 조용녀 수녀 __196

노 래 | 예수 마음의 사랑이여 | 민동규 신부 __201
예수마음기도 영성수련 피정자들과 함께하신 김수환 추기경님 __203
닫는 글

길이요, 진리요, 생명이신 예수님!

길이요, 진리요, 생명이신 예수님,
당신께 저의 모든 것을 바치나이다.
저의 과거의 기억들,
현재의 원의들,
미래의 지향들을
아낌없이 바치나이다.
오로지 당신의 현존 안에 이 순간을 머물게 하소서.

길이요, 진리요, 생명이신 예수님,
당신의 온유하고 겸손한 마음에
저의 마음이 온전히 하나 되게 하소서.

길이요, 진리요, 생명이신 예수님,
당신의 사랑의 마음, 자비로운 마음에
저의 마음이 온전히 일치하게 하소서.

| 권민자 수녀

제1부

영성수련을 마치고 바치는 기도

이것이 보물이다

떨어진 보물도
알아보지 못하고
지나치는 장님에게
"이것이 보물이다." 하며 주시는
하느님 사랑에
깊이 감사하며
기뻐합니다.

| 김대군 파트리치오 신부, '서울대교구'
제27차 예수마음기도 40일 영성수련

참생명의 여인

내려놓으니 다른 세상에 들어와
숨결마다 간절히 참생명을 묻고 있다.

그 바람은
멀고 먼 우주의 거리를 지나
그보다 더 멀게 느껴지는
마음의 간격을 넘어
지구 밖 어느 별, 아름다운 한 여인이 보낸
사랑의 메시지를 발견케 하였다.

의혹과 불신, 두려움과 통제,
온갖 장벽에도 굴하지 않고
지속된 그 여인의 사랑으로
불만 가득한 심술쟁이는 씩씩한 귀염둥이로,
병들어 뒤뚱거리던 거리의 비둘기는
하늘 높이 차고 오르는 갈매기로 변화되었다.

어느 한낮, 마침내 그 여인이 찾아와
온몸과 마음으로 나를 간절히 원하며 받아 주었다.

아…!

세상의 모든 포옹과 입맞춤으로도 치유되지 않는
'외로움'이란 이름의 상처를 고쳐 주고
구겨지고 얼룩진 몸과 마음을 곧고 맑게 해 준 생명의 여인,
그 여인은 그렇게 나를 새롭게 태어나게 하였다.

힘써 손에 쥘 수 없어
잃어버릴까 마음 졸일 필요도 없는 상대,
어린아이와 같은 마음만이 그 여인을 만나게 하네.

난 지금, 참생명의 여인과 그와의 사랑으로 얻게 된
내 뱃속의 귀염둥이, 그들과 함께 '낯선 편안함'을
즐기고 있네.

"예수마음이여, 절 차지하소서."

| 유승록 라우렌시오 신부, '서울대교구'
제1, 10, 44차 예수마음기도 40일 영성수련

저… 예수님

절…
부르셨나요?
좌충우돌, 천방지축 아이에게
어느 날 갑자기 말씀하시네.
'나와 함께 있지 않으련?'

저…
아픈가 봐요.
제 안의 제가 아픈가 봐요.
열도 나나 봐! 눈물은 왜 흐르고?
그런데 왜 이리 기쁘고 시원할까요?

저…
어떻게 하지요?
당신이 열어 놓은 작은 틈새로
퐁! 퐁! 퐁! 기쁨이 스며들어
행복이란 샘이 되어 버렸어요.

절…
사랑하세요?
이 사람, 저 사람과 웃고 즐기며
사방팔방 나다니던 제 마음을
당신이 그만 안아 버리셨네요.

와…
그거였구나!
제자들에게와 같이 말씀 열어
화살로 쏘아 마음에 새겨 주시니
아프기는커녕, 어찌나 신비로운지요.

저…
사랑하나 봐요.
가만히 있으면 함께 바라봐 주고
노래를 부르면 들으며 웃어 주고
딴전을 피워도 옆에 있는 당신을….

저도…
사랑해요.
당신이 안아 사랑 고백을 들려준 후부터
서로 사랑하는 이 순간이
구슬 꿰듯 줄지어 영원하기를.

저도…
함께 갈게요.
제 사랑이 당신이시고
당신 사랑이 저이거늘
함께 가야지요, 사랑의 여정 속으로.

저…
그러니 책임지세요.
샘물 마시며 행복에 젖게 하시고
양손 벌려 당신만 안길 바라시고
일생 당신을 전하라 하시니까요.

이렇게 반짝이는 눈망울로
쳐다보는 아이를
당신은 다시금 안아 주시네요.
"사랑해."라고 말씀하시며
이 순간이 영원토록….

| 민동규 다니엘 신부, '인천교구'
제46차 예수마음기도 40일 영성수련

당신이 얼마나 좋은지!

암흑 속을 헤매는 저에게
꿈을 통해 '참나'를 보여 주셨을 때
당황함과 절망감 앞에
용기 주신 당신이 얼마나 좋은지.

착각 속에 살아온 내 삶을
회당장(루카 8,50)을 통해 보여 주셨을 때
허탈감으로 오그라든 내 마음에
생수 주신 당신이 얼마나 좋은지.

당신 마음을 닮고 싶다는 애절한 청에
온몸의 아픔을 느꼈을 때
겸손의 탈을 쓴 교만의 유혹자임을
알려 주신 당신이 얼마나 좋은지.

"당신께 제가 무엇이기에
이렇게까지 사랑해 주십니까?"라는 물음에
"나의 사랑이다."라는 당신 고백으로
온몸이 녹아내렸을 때

당신이 얼마나 좋은지!

| 권순이 세레나 수녀, 대구 '샬트르 성 바오로 수녀회'
제25차 예수마음기도 40일 영성수련

일어나라! 깨어나라!

어둡던 긴 터널을 지나고
고통과 침묵을 통해서

주님!
당신을 만날 줄 꿈에도
몰랐습니다.

힘, 힘없던 아기 시절 저의 생명 구하셨고
나뭇가지 하나에 매달린 저를 살리셨습니다.
죽음의 칼자루에서 저를 구하시고
애착으로 짓누르던 슬픔을 건드리시어
저를 통곡하게 하신 분
그렇게 저를 살리셨습니다.
이기심으로 뭉친 저를 건지셨습니다.

일어나라! 깨어나라!

그제야 제 영혼 눈이 뜨이고
당신을 향한 마음 곧게 하시어

제 영혼 눈이 밝아졌습니다.
당신이 주실 은총, 당신이 주실 사랑,
어떻게 모두 받아야 할지
제 마음 너무 떨리어
당신께 호소합니다.

주님!
"제 영혼의 작은 자유마저
당신께 되돌려 드립니다."

| 백순자 마리안나 수녀, '마리아의 작은 자매회'
제16차 예수마음기도 40일 영성수련

잃었던 큰아들

사랑이 불이었다.
나는 아버지 옆에서 불을 지키는 사람
불에 관해 이야기하고 가르치는 것이 내 의무.

의무를 다함이 사랑인 줄 알았네.
불을 전하고 불 옆에 사는데
내 가슴은 왜 이리 차가운지 묻곤 했었네.
정작 내게는 불이 없었구나.
아! 춥다.

그리고 날 보니 내가 왕이었구나.
아! 이런, 말이 끊기도다.

봄바람처럼 은총으로 그분은 다가오시고
내 안에 본래 불이 있음을 보게 하셨다.
집 나간 아들은 하나였으나, 돌아온 것은 둘이로다.
하느님 아버지! 사랑합니다!

나 이제 사랑을 느끼노니
의무를 놓고 사랑으로 가네.
아! 순풍에 돛 달았도다.

의무를 다함이 사랑인 줄 알았네.
사랑을 만나니 의무가 껍데기로다.
나 이제 의무를 놓고 사랑으로 가네.
아! 순풍에 돛 달았도다.

| 조해인 바오로 신부, '의정부교구'
제10, 35차 예수마음기도 40일 영성수련

그분께서 부활하셨도다

사실은 그랬다.
넋이 타도록 하느님 그분과 일치하고 싶었다.
그러고 싶었다.

예고 없던 초대장을 받아들고 당황했던 심정 뒤편에
서성이던 이 갈망이
다시금 길을 가도록 불을 놓았다.

일치하는 기쁨을 꿈꾸며
곱단한 마음으로 기도를 시작하였으나
이내 내 꿈은 산통 깨졌다.
맘속에 튀어 오르는 것들은
꺾임을 억울해 하며 넋두리하는 자애심, 실망, 의심의 왕 보따리….

외줄타기하듯 조심스레 시작했던 불평은
걷잡을 수 없는 폭풍이 되어 바다에 가득 찼다.
한없이 어깃장을 놓고 생떼를 쓰며,
의심과 절망의 폭풍에 휩싸여 있던 날.

"예수님만 봐~아~." 하는 베드로를 뒤로 남겨 두고
나는 지하 끝까지 내려가
집요하게 따라붙는 '나를 좇는 마음'을 부수며 죽음을 맞았다.

얼마나 지나서인가!
문득 눈을 떠 보니
평온과 고요가 꽉 찬 바닷가.
"그분께서 부활하셨다."는 제자들의 기쁨에 겨운 소리가
내 마음이 되었다.

"그분께서 부활하셨도다."
"그분께서 한 점 남김없이 내 마음을 차지하셨도다."

| 신소희 카리타스 수녀, '성심수녀회'
제2, 22, 27차 예수마음기도 40일 영성수련

산과 나 그리고 빛

캄캄한 어둠
'전후좌우상하'를 알 수가 없다.
눈을 감았는지, 눈을 떴는지 분간이 되지 않는다.

온몸이 물먹은 솜처럼 무겁다.
사람들의 비웃음 소리는 나를 더욱 주눅 들게 한다.
그러나 어디선가 들려오는 작지만 힘 있는 목소리.
"눈을 떠야지, 눈을 떠야지, 마음의 눈으로 보아야지…."

아! 맑고 환한 빛!
눈부시게 밝은 빛!
온 세상이 한눈에 들어온다.

내가 있는 곳은 구름 뚫고 솟은 큰 산.
그 꼭대기에 자리 깔고 앉은 나.
홀로 있되 외롭지 않다.
온 세상을 두루 비추는 진리의 빛이 나와 함께 있으니.

그런데, '졸졸졸' 물소리는 어디에서 들려오는 것일까?

| 성재기 허임 바오로 신부, '한국외방선교회'
제23차 예수마음기도 40일 영성수련

이 몸 둘 곳 예수님뿐이외다

본래 주신 생명과 사랑, 부르심은 어디로 사라졌는지요?

"너는 많은 일에 마음을 쓰며 걱정하지만
실상 필요한 것은 한 가지뿐!"

오가는 과거, 현재, 미래 분심들, 분노와 아픔들….

치유의 손길 얹어 주시고 인격자로 소중히 대해 주시는 예수님,
이 끝없는 사랑을 주시는 당신을 얼마나 무시하며 살아왔는지요!
억누른 통회의 눈물이 터져 나옵니다.

"예수님, 진리가 무엇입니까?"
"…."

기쁨 속에 외치시는 하느님 말씀,
"너는 내 사랑하는 딸, 내 마음에 드는 딸이다."

지금 여기 생명의 하느님 안에서
제 영혼 깊은 데서 울려 퍼지는
감사와 찬미 노래 부릅니다.

고마우신 주님,
이 몸 둘 곳 예수님뿐이외다!

| 김경희 아녜스 수녀, '성심수녀회'
제38, 49차 예수마음기도 40일 영성수련

나는 물었지!

나는 물었지!
나이 서른엔 어디서 무엇을 하고 있을까?

나이 서른에
나는 얻었네, 물음 하나를.
진리眞理가 무엇이냐는.

나이 서른에
나는 길을 떠나네.
아무도 알려 줄 수 없는 길을.

어! 어! 그런데 왜 눈물이 나지?

| 유승록 라우렌시오 신부, '서울대교구'
제1, 10, 44차 예수마음기도 40일 영성수련

사랑이시여!

어느 날
소란하고 잡다한 일상에서
문득 부르신 분 계셔

참생명이 무엇입니까?
묻고 물으며
강박증 만나 내려놓으니
채찍 들고 모든 기준 자로 재며 심판하는
독재자 나타나고

그 집착 떨쳐 내면
꿈쩍도 하지 않는 바윗덩이
관제탑 치솟고,

외면하고 살아온
내 안의 어린아이 보듬고 울며
아픈 다리 절며
기어오른 님 가신 산

그 위에
지친 영혼 번제물로 사르고 숨진 오후
죄의 사슬에서 풀려나는 여명으로

거짓인 나로부터
벗어나는 몸짓으로
바윗덩이 쪼개지고 찾아온
자유!
자유!
사랑과 자비의 넓은 그늘에
눈물과 땀에 젖은 마음 내려놓으니

아!
거기가 바로 당신의 품
그곳에 평화 있었네.

사랑과 자비의 아름다움이시여!
오늘
당신 나라 정원에

꽃 한 송이
화알짝 피었습니다.

| 최길자 마리아 수녀, '천주 섭리 수녀회'
제45차 예수마음기도 40일 영성수련

영혼의 노래

새벽을 열어
새들을 깨우던 여느 아침!
긴 전쟁의 상처로
겨우 몸을 추슬렀소.
돌들이 산산이 부서져 모래가 되어
"이제 더 이상은."
"이제 더 이상은…."
하는 외침뿐이었소!

그때,
고약한 그분께서 움직이시어
빛을 주셨소.
그리곤 나도 모르게
그분께 "자비의 하느님." 하고
엎드렸단 말이오.

아픔과 분심,
땀으로 서럽고 지겹던 가시방석이
그분과 일치하는 은총의 도구가 되어

내가 한없이 작아지던 날
이제 명오明悟를 열게 한 황금방석이 되지 않았겠소!
몰려오던 분심들을
한 올의 눈썹만큼 가볍게 물리치던 날!
나는 또다시
그분 앞에 엎드렸소.

그래서
그 오래전에
"내 영혼이 주님을 찬양하며
내 구세주 하느님을 생각하는
기쁨에 이 마음 설렙니다.
주께서 여종의 비천한
신세를 돌보셨습니다." 하고
마음으로 노래 부른 여인이 있었나 보오.

| 송종례 그라시아 수녀, 서울 '샬트르 성 바오로 수녀회'
제8차 예수마음기도 40일 영성수련

감사합니다, 아버지!

예수님 진리가 무엇입니까?

때로는 기대와 희망 속에서
때로는 긴장과 초조함 속에서
거품처럼 끊임없이 솟아오르는
자아를 바라보게 하십니다.
떼어 낼 수 없을 것 같은 상념들을 바라보게 하십니다.

세상에 이럴 수가?

살아 있는 것이 살아 있는 게 아니로구나!
교묘함과 사악함이 마치도 회칠한 무덤이로구나!
하느님을 가장해서 잘도 나를 섬겼구나!
양파 껍질 벗겨 내듯
당신 앞에 알몸으로 서게 하십니다.

아! 이 존재는 님의 손길이 아니면
님의 보살핌이 아니면
생각 하나조차 내려놓을 수 없구나.

하느님께서는
살아 있는 자의 하느님이시로구나.
당신의 현존 속에 저를 안겨 주십시오.

감사합니다! 아버지!

두 발로 당당하게 걸어야 할 나머지 길을 위해
이제 진정 제 곁에 늘 함께하심을 알아챕니다.
제 안에 끊임없이 솟아오르는 갈망이 무엇인지도 압니다.
지금 이 순간을 거침없이 걷습니다.

아버지!

당신은 진정 살아 있는 자의 하느님이십니다.

| 김동훈 안토니오 신부, '대전교구'
제46차 예수마음기도 40일 영성수련

주님, 영원히 찬미받으소서!

내면의 어둠에 짓눌려서,
세차게 몰아치는 죄의식과 저의 가치관에 눌려서
"나 같은 사람에게 무슨 참기쁨이 있으랴?" 하면서
포기하고 살았습니다.

처음에는 그저 하라고 하시는 대로 의무만 하고
열정은 없었습니다.
아니, 지난날의 당신을 만나고자 하던
열정이 아예 없었던 듯 지웠습니다.

그런데 주님께서는 달콤한 말씀으로
묻었던 불씨를 살짝 드러내셨습니다.
"주님과 일치할 수 있다고…."
"순교까지도 할 수 있다고…."

주님께서 찾아 주신 불씨를 받아 안고
산을 오르기 시작했습니다.
어떻게 하면 당신을 뵈올 수 있을까 노심초사하며.

찾는 주님은 나타나지 않으시고 숨은 허물들만 드러났습니다.
하나하나 인도하시는 대로 주님 앞에 내어놓고 드렸습니다.
주님께 드릴 때마다 제 마음은 밝아지고, 가벼워지고,
주님을 아는 지혜로 바뀌는 듯한 느낌에 감사했습니다.

당신께 매이기보다는 세상 것에 매여
제 감정을 억누르고, 제 판단을 우상시하고,
명예심, 허영심, 교만의 엉겅퀴에 휘말려 있는 것을
저보다도 먼저 용서하시고, 사랑하시고,
인내하며 기다려 주신 주님께서는
엉겅퀴를 제거해 주시며
제 앞에 아니, 제 안에 계셨나이다.

주님! 영원히 찬미받으소서!
아멘.

| 이민순 십자가의 요한 수녀, '파티마의 성모 프란치스코 수녀회'
제31차 예수마음기도 40일 영성수련

예수님은 여기 계십니다

주主님!
오늘 저는 아주 작고 여린 소리를 듣습니다.
"예수님은 아주 가까이 계십니다."
아주 가까이?

묶였던 비단 사슬이 어떤 분노 섞인 불가항력으로
찢어져 내릴 때 저도 거기 묶여 있음을 알았습니다.
무너져 내리는 그 큰 더미가
저의 법法과 규정과 적어도 이만큼은 하던
그 기준이었음을 보았습니다.
그 기준의 산이 무너진 터 위에서
아주 가까이?

갑자기 너무도 가깝고, 너무도 가득해서
숨도 못 쉬고 허우적거리는 제게
소리 없는 소리가 들립니다.
"여기."

처음부터 마음속 깊이깊이 가두어 두었던 말씀이

구멍 뚫린 마음을 헤치고 외치는 소리
"예수님은 여기 계십니다."

부서지고 낮춘 마음 안에
쓰러지고 거꾸러진 마음 안에
주님께 부르짖는,
주님의 이름을 정성되게 부르는 마음 안에
하느님께서 되찾는 이의 마음 안에
하느님은 참생명으로 여기 계십니다.
예!
주님,
이제 뻥 뚫린 마음 하나 들고
저 여기 있습니다.
"지금."
"여기."
"예수님은 참생명이십니다."

| 이현숙 마리아 수녀, '올리베따노 성 베네딕토 수녀회'
제16차 예수마음기도 40일 영성수련

그분이 나를 덮치셨네!

쉽게 두드려 볼 수 없는 기나긴 영적 여정이라
힘겹게 찾아와 불러 보는
"예수마음."
기도 속에는
하느님을 뵙고야 말리라는 욥의 절규가
내 간절한 소망되어 스며 있네.

"구하라, 받을 것이다!
찾으라, 얻을 것이다!
문을 두드려라, 열릴 것이다!"
주님의 이 말씀에 의지하여
피 토하는 심정으로 불러 보네.
"예수마음."

한동안 잠잠하던 유혹자들이 밀려오네.
그들을 동반하고 그분의 이름을 불러보지만
그분은 유혹자들을 물리치고
혼자 오라 하시네.
밀려오는 이 많은 유혹자들을 어찌 다 물리치나?

이제 나는 유혹자들 하나하나를 분석하며
그분의 힘에 의지하면서 물리치려 하네.

마음속 깊이 숨어 있던
과거의 아픔과 상처들이 수면 위로 떠오르네.
울분과 분노가 밀려오면 그것을 하나씩
주님께 바치며 치유의 은총을 호소하네.

"참생명이 무엇입니까?"
"참생명이 무엇입니까?"
"참생명이 무엇입니까?"

쉴 새 없이 던지는 질문
머리가 아프고 가슴이 답답하고
대답 없는 외침이 계속되는 동안
깨달은 것 한 가지
하느님의 자리에 내가 있었네.

그런데도 그분은

내가 벌려 놓은 그 많은 궂은일들을
당신의 일처럼 손수 마무리해 주시고
당신께 돌아갈 영광을
내가 독차지했는데도
그분은 참아 주셨네.

손에 쥔 과자를 빼앗으면
앙탈을 부리는 어린아이처럼
쥐고 있던 내 이사악을 내려놓고
망연자실 허공만 바라보고 있던 나를
감싸 안으시며 속삭이시는 말씀
"이래야 내가 네 안에서 일을 할 수 있단다."

흐르는 눈물로 범벅이 된 순간
가슴이 터질 듯 벅찬 감동이 밀려오더니
그분이 나를 덮치셨네!
그분이 나를 덮치셨어!
그분이 나를 덮치셨다니까요!
나를 덮치신 그분은

뜻밖에도
바닷가 모래만도 못한 미천한 한 사람과
나눈 오솔길의 추억을
지금까지 기억하고 계셨네.
내 허물은 모두 묻어 두시고 말이야.

귀염둥이라는 말만 들어도 거부감을 가졌던 내가
"어미가 자식을 잊어도 나는 결코 너를 잊지 않겠노라.
눈에 넣어도 아프지 않을 나의 귀염둥이."
이 말씀을 온몸으로 저려오게 실감하다니….

나 이제 고백할 수 있네.
전에는 간간이 위로해 주시고 치유해 주시는
그분의 손길을 느꼈지만
지금은 내 가슴속으로 덮쳐 오신 그분을
온몸으로 받아들였네.

| 나궁열 요셉 신부, '전주교구'
제36차 예수마음기도 40일 영성수련

나의 기쁨, 나의 귀염둥이야, 나와 결혼하자

주님께서 어린 나에게
"나의 기쁨, 나의 귀염둥이야, 나와 결혼하자."
하시며 저의 손을 잡으십니다.

나는 두렵고 떨리는 마음에
심장은 터질듯 뛰며 마음은 아득합니다.
죄 많은 나에게
놀랍도록 다정하시고 따뜻하게 다가오셔서
당신과 하나가 되자고 하시다니
내 모든 뼈가 녹아내리고
내 영혼이 정말 밀초처럼 녹아내립니다.

그분 앞에서 모든 것이 고요해집니다.
부질없이 영문도 모르고 지껄이던 내 말들
끝없이 나를 섬기며 놓지 못하던 내 분심 속의 얼굴들
수도 생활도, 내 미래에 대한 걱정도
모든 것이 놓입니다.

모든 것이 아스라이 깊은 고요 속으로 사라져 가니
그곳에 길이요, 진리요, 생명이신 분께서 계십니다.
열린 눈으로 그분을 바라보니
난 내가 누구인지 잊은 채
온 존재로 그분과 함께 노래합니다.
"하느님은 사랑이십니다.
사랑 안에 있는 사람은 하느님 안에 있으며
하느님께서도 그 사람 안에 계십니다."

"하느님은 사랑이십니다. 하느님은 사랑이십니다."
끊임없이 노래합니다.
행복의 노래, 사랑의 노래를 부릅니다.

| 이명화 크리스티나, '의정부교구 봉일천 성당'
제41, 47차 예수마음기도 40일 영성수련

아, 아빠, 아버지!

왜, 내 육친의 아버지 일찍 죽도록 그냥 계셨어요?
왜, 내 목숨 위태롭도록 원수의 손에 넘기셨어요?
왜, 내 몫으로 돌아올 재산 뺏어 가도 그냥 두셨어요?
왜? 왜? 왜? 원망, 불안, 좌절, 적개심.

아. 버겁다, 이 피정! 수녀님, 나 죽을 것 같아요!
그래도 꿈쩍도 않으시는 수녀님, 1초도 계속 놓치지 말고
온 마음 온 정성으로 기도하라, 밥 짓듯이 열정적으로 기도하라고 하시니
어라, 이제는 온전히 힘 빼고 맡기란다.
그것도 잘 안 돼요, 힘들어요. 수녀님!

죽을 고비를 넘긴 아가는
아빠의 팔에 안겨
아빠 얼굴에 손장난하며
티 없이 맑고 깨끗한 웃음을
파아란 하늘 울리도록
까르르까르르 웃었습니다.
아빠, 아버지!

두려워 마라, 내 아가야!
내 어미가 너를 버릴지라도
나는 너를 결코 버리지 않으리니
너는 눈에 넣어도 아프지 않을 나의 사랑, 나의 귀염둥이!

이렇듯 새로 태어난 저는
두려움 너머 평온함으로 상처가 온전히 치유되고
온 세상이 다 내 것이 되는 기쁨을 누리는
어느덧 그분의 자녀가 되었습니다.
제가 온 세상보다 소중하다는
아, 아빠, 아버지!

| 변수운 바울라 수녀, '착한목자수녀회'
제18차 예수마음기도 40일 영성수련

좋은 걸 어떻게 해!

그냥 좋은 걸!
하오나 끊임없이 이끌어 주소서,
성령이시여…!
기도 중에 갑자기 튀어나온
"좋은 걸 어떻게 해."라는 말 한마디,
나도 모르게 그 말을 따라 했더니
전율과 환희로 가슴이 벅차오르네.
설명할 수도, 말할 수도 없는 그 무엇,
"좋은 걸 어떻게 해."라는
그 무엇인지도 잘 모르는 좋음에 사로잡혀
3시간 이상 머물 수밖에 없었던
은혜의 시간,
그 후에도 계속해서 이어지는
여진의 느낌은
시간과 장소에도 구애 없이
샘물이 용솟음치듯
마음의 미소와 함께
기쁨이 흘러넘치네!
"좋은 걸 어떻게 해."만 떠올리면 이리 좋으니…!

길이며, 진리며, 생명이신 예수님!
이제는 이래도 좋고, 저래도 좋은 걸
어떻게 해요.

| 김화태 제르바시오 신부, '수원교구'
제49차 예수마음기도 40일 영성수련

성령을 받아라!

놀랍고
놀랍고
또 놀라워라!
첫 만남의 황홀함도
상처를 어루만지는 치유의 손길도
사고, 지성, 감정의 동요조차 없는 길
초연함과 치우침 없는 마음으로
하느님 현존 안에만 머무른 두 번째 만남!

악사이신 내 님은 '조명의 빛'으로
님의 악기인 나는 '믿음의 현'으로
팽팽하지도, 느슨하지도 않게 연주한 40마디의 가락마다
깨달음의 선율이요, 빛으로 내린 영의 노래였다오.

"나의 제자 되려거든 가지고 있는 것 모두 버려라."는 말씀에
'존재의 집'으로 믿고 섬겨 온
'나의 모든 의지' 눈물로 되돌려 드리었네.
주님 내게 숨을 내쉬시며
"성령을 받아라!" 지혜의 말씀으로 밝혀 주시더니

지식의 말씀 은총의 선물로 내리시어
모든 이에게 나누어 열매 맺으라 하시었네.

그리하여
'두 번째 여행'의 소명은
내 안에 그리스도 형성될 때까지
끊임없이 하느님을 찾는 자
나를 놓아 버리는 자
성령에 의해 살아가는 순례자
하느님을 위한 일보다
오직 하느님만을 선택하는 일치의 여정이어라.

| 김귀말 사베리아 수녀, '거룩한 말씀의 수녀회'
제36, 46차 예수마음기도 40일 영성수련

사랑하는 당신의 딸

내 나이 삼십에 첫 서원을 하고
오십이 될 때까지 맡겨진 소임이
하느님의 일이요, 그것 통해 하느님을
섬기는 줄 알고 있는 힘 다했는데
알고 보니 헛수고만 했네.

자신의 명예와 성취감과 만족을 위해
자신의 능력을 인정받기 위해
제 영혼 불쌍해지는 줄 모르고
그토록 애쓰고 애썼네.
부끄러운 줄 모르고
하느님 자리에 올라앉아
최선을 다했노라고 큰소리까지 쳤네.

이런 자신 갑자기 깨달으면
견디지 못해 기절할까?
넘어져 다시 일어나지 못할까?
나약한 나 자신 잘도 아시고
큰 상처를 치유하시는 은총으로

먼저 당신 사랑을 보여 주셨네.

내 기대와 상황과 방법을 초월하여
당신의 방법으로 자유롭게
나를 찾아오셨네.
생전 처음 경험이요, 뜻밖의 상황이라
행운을 겪으면서도 어리둥절 어쩔 줄을 몰랐네.

예수님의 마음과 일치하고 싶은 열망으로
끊임없이 기도하면서 당신이 원하시면
마음 아픈 형제들에게
힘이 되어 주고 싶어라.

| 김영숙 마리아 수녀, '그리스도의 교육 수녀회'
제23, 29차 예수마음기도 40일 영성수련

나를 따라라

"나를 따라라."
꿈결에 부르시는 음성 있어
맨발로 따라 나섰네.

험한 길 엎어지고 넘어지며
눈보라에 손발은 얼어 터져도
음성이 고와 말없이 따르기만 하였지.

어디까지입니까?
지친 몸을 끌면서 물어도
귓가에 스치는 건 거친 바람 소리뿐.

서로 발을 닦아 주어라.
           저는 종이 아닙니다.
너를 쪼개어 주어라.
           절대로 그럴 수 없습니다.

"내 손을 잡으렴."
물러나는 어둠에

당신의 뜻을 이루소서.

| 이학율 사바 신부, '마산교구'
제7차 예수마음기도 40일 영성수련

초대해 주신 하느님 찬미받으소서!

내 안에 현존하시는 주님께
쉬고 싶다고 소리치니
양털 같은 섬세한 맘으로
포근한 안식처 그분 안에 있다고
부드럽게 부르시네.

오직 하나 필요한 것,
나와 일치하여 살자고
멀고 먼 길 기다리며
일치의 여정에로 초대했네.

두려움도, 인색함도
이젠 그만 나에게 주고
내 안에서 활짝 피어나라 속삭이네.

하루, 이틀…,
참생명이 무엇이냐고 여쭈었더니
나도 모르는 사이
기억력, 의지, 지력 모두 도로 가져가시고

고요와 평화로
내 앞에 그분 현존해 계시네.

그분의 고요 속에서 내 모습 보니
그분의 자리에 내가 앉아 있네.
그분의 평화 안에서 내 모습 보니
흠집 날 세라 차곡차곡 쌓아 둔 나 자신 보따리 여럿 있네.

이러한 나를
그분은 한 번도 내치지 않고 달래며 기다리고 계셨네.
이젠, 주님의 현존 안에서
그분만 바라보고
그분 마음에 내 마음 합하여
주님 가신 길 어디라도 함께 가겠네.

| 김정심 다미아니 수녀, '거룩한 말씀의 수녀회'
제17, 46차 예수마음기도 40일 영성수련

라뿌니! 당신이군요!

라뿌니! 당신이군요.
바람 속 맑은 향기로 저를 초대하시는 분
가는 곳마다 함께하시며
저를 비춰 주시는 분

제 틀에 맞추어
제 삶에 비추어
당신을 찾았으니
어디 계신지 알 수 없었고
누구신지 몰랐습니다.

뒤돌아서서 저를 쳐다보지도 않으신다고
그리도 소리를 지르며
어디에 계시냐고 외쳤는데
주님, 당신이군요.

바리사이요, 율법 학자인 저를
엠마오 가는 길의 제자인 저를
사랑으로 불러

당신을 알아보게 하시는 분

이제 제가 무엇이었어도 상관없습니다.
내일 제가 무엇이어도 필요치 않습니다.
라뿌니! 당신이 곁에 계신데
저에게 무엇이 필요합니까?

콸콸 넘치는 샘물 속 당신을 맛보게 하시고
광야 어둠 속에서도 등불을 비추어 이끄시는 분

어떻게 이 기쁨을 표현하리오.
무어라 그 사랑을 소리치리오.

그저 조용히 당신께 속삭입니다.
라뿌니! 당신이군요!

| 천영수 마론 신부, '한국외방선교회'
제41차 예수마음기도 40일 영성수련

사랑의 신비여!

하느님의 뜻을 찾는 여정이 시작되었다.
하느님께서 당신의 뜻을
분명하게 보여 주시면 순종하겠다고,
당신의 뜻을 보여 달라고 울부짖었지.
그러나 하느님의 침묵에 화가 나기 시작했지.
내 마음속의 온갖 푸념을 다 부리고 나니,
나는 지금까지 내 감정의 노예로 끌려 다니며
하느님에게 내 감정 안으로 들어오라
부르짖고 있었음을 알았어라. 허무함이여!
하지만 감정에서 해방되어 다시 하느님의 뜻을 찾았지.
내 마음을 거울과 같이 맑게 닦아 가면,
하느님을 뵈올 수 있겠지 다짐하며
여정은 계속되었지.
마음을 닦는 일 열심히 하다 보니
하느님께 내 마음에 비추라 명령하고
있었음을 깨달았지. 황량함이여!
풀이 죽었지.
그러나 다시 힘을 내어 내 마음을 하느님의 뜻에
봉헌하기 시작하였지.

당신 뜻대로 하소서. 울부짖으며
내 마음은 지치고 몸도 지쳤지.
더 이상 바칠 것도 없어라.
하느님의 끝없는 침묵
실패감, 좌절감, 어둡고 길이 막혔어라.
죽을힘을 다하여 마지막 믿음으로 당신께
"내 영혼을 맡기나이다." 하면서 울부짖었지.
침묵….
자유롭다. 감격스럽다.

| 손인숙 수산나 수녀, '성심수녀회'
제6, 8, 49차 예수마음기도 40일 영성수련

사랑합니다

나의 사랑
당신을 찾으라고
그리움을 심으셨습니다.

아, 그리움!

학자學者의 논리도
자연自然의 아름다움도
인간人間의 온갖 유희나 고운 연인의 미소도
당신은 아니었습니다.

어디 계십니까?

지식도
감동도
기쁨이나 감미로움도 아닌
"나는 곧 나다." 하시는 당신….

사랑합니다.

| 강승수 요셉 신부, '대전교구'
제21, 29, 36차 예수마음기도 40일 영성수련

감사가 햇살처럼

걸레 같은 누더기를 입고서
당신 앞에 막막함으로 앉았습니다.

몰랐습니다.
제 옷을 어찌 벗어야 할지···.
실패에 뜯어지고
좌절에 헤어지고
분노에 닳고
허위에 삭은
제 옷을 어찌 벗어야 할지···.

벗고 싶어도
낱낱이 드러나는 알몸이 두려워
냄새나고 다 떨어진 앞섶을
부여잡고만 있었습니다.

당신이 실패의 옷을 벗기고
용기를 입혀 주십니다.
감사함에 눈물이 납니다.

당신이 좌절의 옷을 벗기고
희망을 입혀 주십니다.
그 손길에 눈물이 납니다.

당신이 분노의 옷을 벗기고
용서를 입혀 주십니다.
그 가이없음에 눈물이 납니다.

당신이 허위의 옷을 벗기고
십자가의 진실을 입혀 주십니다.
부끄러움에 눈물이 납니다.

나를 씻기고 입히신 주님께서
그 옷 입은 저를 달라 하십니다.
제 위안을 달라 하십니다.

마음속 깊은 곳
손 닿지 않는 어두운 주머니에
숨겨 놓은 걸 아시고 달라 하십니다.

거부의 몸짓
타협의 속삭임
도피의 발걸음을 뚫고

당신은 제 거짓 위안을 가져가십니다.
그리고 참위안, 참의미
당신마저 내어 주십니다.

눈물이 강물처럼 흐릅니다.
찬미가 바람처럼 불어옵니다.
감사가 햇살처럼 퍼져 갑니다.

당신이 가져가신
거짓 위안의 잔상이 나를 흔들어도
내 눈을 멀게 하려해도

이제 마음속 깊은 곳에 계신 당신이
제 어깨를 꼭 잡아 주십니다.
제 마음을 꼭 붙들어 주십니다.

| 김지민 야고보 신학생, '한국외방선교회'
제44차 예수마음기도 40일 영성수련

하느님, 당신은 누구십니까?

하느님을 헤아릴 수 있다면
하느님을 이해할 수 있다면
그건 하느님이 아니리.

하느님을 만질 수 있다면
하느님을 볼 수 있다면
그건 하느님이 아니리.

헤아림도 없이
이해함도 없이
하느님 현존을 느낄 수 있는 것,
하느님 계심을 믿는다는 것,
믿음으로 고백하는 것.

헤아려 보려 했지만
이해해 보려 했지만
계속되는 어둔 밤
"당신 뜻대로 하소서."
내맡겼더니

그분이 내 안에 계시네.
내가 그분 안에 있네.

| 김희경 율리안나 수녀, '그리스도의 성혈흠숭회'
제13차 예수마음기도 40일 영성수련

당신만이 나의 행복

주여, 당신께 과거, 현재, 미래 모두 드립니다.
모든 것 당신께로부터 받았으니 되돌려 드립니다.
말뿐이지 마음은 동조를 않네.
의지와 지력은 이것 없이 참생명 못 찾을 듯 붙들고 있네.

새벽 일찍 일어나
목마른 사슴 시냇물을 찾아 헤매듯이
내 마음 참생명을 찾다가 이제는 지쳐 버렸네.
모든 것 포기하고 하느님 앞에 앉아 있네.
아! 갑자기 느껴지는 고요함
새롭게 단장된 내 마음의 밭에서
그분은 동요되지 않은 고요함으로

나를 기다리고 계셨네.
하느님 감사합니다.
무슨 말이 더 필요하리요, 머무는 것밖에.

이제는 알았네.
지식이 필요 없었다는 것을.

의지를 왜 내려놓아야 하는지
생각을 왜 보내야 하는지

나 이제 내 님 만나러
내 마음의 밭으로 다시 내려가려네.
그곳에 그분께서 가르쳐 주신
사랑과 진실, 믿음과 생명, 희망과 용서
겸손과 자비, 평화와 온유의 씨를 뿌리네.

당신은 나의 주님,
당신만이 나의 행복이십니다.
당신을 언제나 내 앞에 모시오니
내 옆에 당신 계시면 흔들릴 것 없사옵니다.
알렐루야!

| 김금자 모데스타 수녀, '가난한 이들의 작은 자매회'
제45차 예수마음기도 40일 영성수련

내 안에 머물러라

40일의 여정
내 삶의 여정에 함께하신
하느님을 만나러 나선 길.

내가 만들어 놓은 하느님은
그곳에 안 계셨습니다.
다만,
그분의 사랑만이
고요한 침묵으로 피어오릅니다.

내가 섬겼던 하느님의 자리에
앉아 있는 내 모습에
화들짝 놀라 바라보니
아뿔싸!
그것은 40년을 움켜쥐고 살아온
나의 두려움, 슬픔, 상처들이
자기 연민의 초상으로 버티고 서 있다는 것을….
가슴을 치며
그 초상을 내려놓은 자리에

그분이 말없이 서 계십니다.

감사할 따름입니다.
내가 만들어 놓은 하느님을 향한 길에서
그분을 향한 길을 찾게 되었음을,
그리고 지금 나는 그 길 위에 서 있음을.

감사할 따름입니다.
내 멋대로 살아온 삶의 자리에
그분께서 비추어 주신 빛이
나의 과거와 현재와 미래를 비추어 주심을.

감사할 따름입니다.
아직도 여린 내 영혼이
그분의 땅에 뿌리를 내리고 싹을 틔울 때까지
기다려 주심에.

감사할 따름입니다.
그분께서 주시는 선물에만 마음을 두며 살아온 내가

그 선물을 주신 분을 생각하며 전율하게 됨을.

감사할 따름입니다.
오랫동안 다리 잃은 새처럼
황야를 떠돌던 내 영혼이
나를 향해 팔 벌리고 계신 그분의 품 안에서
그분을 "아빠"라고 부를 수 있음을.

이제야 알겠습니다.
내가 하느님을 만난 것이 아니라
하느님께서 나를 만나신 것입니다.
내가 하느님을 안 것이 아니라
하느님께서 나를 아신 것입니다.
내가 하느님을 기다린 것이 아니라
하느님께서 나를 기다리신 것입니다.
내가 하느님을 찾은 것이 아니라
하느님께서 나를 찾으신 것입니다.

이제야 보입니다.
내가 해야 할 일은 오직 한 가지뿐임을,
사랑을 위해 죽는 일
사랑만이 하느님께 이르는 길이요, 진리요, 생명입니다.
나는 오로지 그 사랑 안에 머뭅니다.
내가 사랑해야 할 사람들을 더 잘 사랑하기 위하여
"와서 내 사랑 안에 머물러라."

| 김영수 헨리코 신부, '전주교구'
제48차 예수마음기도 40일 영성수련

아버지 하느님!

당신을 '아버지'라고 부를 수 있게
해 주시니 얼마나 감사한지요.

하느님을 아버지라 부를 수 있다는
이 사실,
이 놀라움,
이 기쁨….

말로 표현이 되질 않습니다.
아니, 말이 필요 없어요.

다만 아버지이신 당신을 마음에 모시고
조용히 삶의 현장으로 돌아가
말없이 당신을 증거하며 살아가는 것
이것이 저의 전부이옵니다.

| 김동순 마리아 막달레나, '예수의 작은 자매들의 우애회'
제24차 예수마음기도 40일 영성수련

하느님 앞에 서니

하느님 잔칫상에 초대받았네.
신바람 나서 집을 나섰네.
임금님 수라상에 맛깔스러운 음식
입맛을 다시며 단숨에 달려왔네.

꿈에도 그리던 하느님 앞에 서니
잔치 음식 먹기 전에 위장병 고치라고 하시네.
궁궐에서 향연을 즐겨야 할 몸이
병원에 누워 대수술 받고 있네.

건강을 회복하고 하느님 앞에 서니
당신께 이사악을 바치라고 하시네.
주님 건강만은 절대로 못 바칩니다.
주님과 싸움하다 나자빠졌네.

이사악 바치고 하느님 앞에 서니
무림의 고수들과 한판 겨뤄 보라고 하시네.
터지고, 부러져 몰골은 흉해졌어도
이 악물고 버티니 유혹자가 나자빠졌네.

유혹자 물리치고 하느님 앞에 서니
진리가 무엇인지 알아오라고 하시네.
"예수님! 진리가 뭐죠?"
"예수님! 진리가 뭐죠?"

수수께끼 못 풀고 하느님 앞에 서니
앞으로 남은 시간 1분뿐이라고 하시네.
'수라상 맛보기는 틀렸구나.' 일어서는데
십자가에 새겨진 '사랑'이란 두 글자.

수수께끼 풀고 나서 하느님 앞에 서니
사랑이 무엇인지 맛보여 주시네.
상큼한 그 맛에 기쁨이 솟아나고
감미로운 그 향기에 행복이 스며드네.

사랑을 맛보고 하느님 앞에 서니
기도와 찬미가 터져 나오네.
그 영광 태양보다 더 밝게 빛나시고
주의 이름 영원히 찬미받으소서.

| 손광배 도미니코 신부, '인천교구'

제46차 예수마음기도 40일 영성수련

나의 주님, 나의 하느님

나의 주님, 나의 하느님
이 고백이 이다지도 어려웠던가?

어디서 왔는가?
이 평화, 이 충만함이여!

내 마음에 전해져 오는 당신의 마음
늘 주고자 그저 주고 싶어 하시는 그 마음.

어리석게도 큰아들의 냉담한 마음으로
스스로 구속하고 스스로 자유를 갖지 못한 내 마음이
얼음같이 차갑고 돌같이 굳은 이 마음이
나를 알아 달라고 졸라 대던 이 마음이
한 순간 사라지고
이제 당신의 마음을 알아듣는구나.

어디로 갔는가?
나를 얽어매던 내 안의 소리들이여.
억울함과 공허 그리고 헛된 바람들과 집착의 소리들이여.

아, 당신이셨군요.
당신의 마음으로 제 마음이 활짝 펴졌습니다.
다시 생명으로 제 심장이 고동칩니다.

이 마음을 주시고자
이 자유로운 마음을 주시고자
저를 부르셨군요.
감사와 찬미를 드립니다.
나의 주님, 나의 하느님.

| 장경아 마리안나 수녀, '성심수녀회'
제40차 예수마음기도 40일 영성수련

두리번거리다

진리가 뭔가요?
침묵….

진리가 뭔가요?
고요….

진리가 뭔가요?
서늘….

아무리 물어도
대답이 없기에
난
그분이
안 계신 줄 알았네.

가슴이 북받쳐 오르고
울렁거릴 때에야
당신인 줄 알았네.

침묵과 고요와 서늘함 속에서
참 평화로웠는데.

가슴이 북받쳐 오르고
눈물이 흐른 뒤에야
당신인 줄 알았네.

괜히 두리번거렸네.

당신이 따스한 분인 줄
느껴 보고야 알았네.

두리번거리다가
기쁨에 행복에
잠을 뒤척이네.

| 김태원 요셉 신부, '청주교구'
제45차 예수마음기도 40일 영성수련

하느님 저는 당신을 만났습니다

하느님, 저는 당신을 만났습니다.
마음속 깊은 곳에 숨어 계신 하느님,
당신만을 향해 걸으며 따른 마음의 여정 길에서
저는 당신을 만났나이다.

미처 돌보지 못한 과거의 아픈 상처 입은 마음속에서,
두 손 가득히 힘주어 움켜잡은 집착의 마음에서,
아픔을 낫게 해 주시는 영혼의 치유자 당신을.
저는 당신을 만났나이다.

당신을 만나는 데 장애되는 모든 것들을
치워 주시고 거둬 주시는
당신의 말씀 안에서
저는 당신을 만났습니다.

이미 오래전부터
제 마음에 함께 계셨던 참하느님,
당신을
저는 당신을 만났나이다.

그 순간 제 영혼은 참생명으로 태어났습니다.
사랑과 은총만을 주시는 하느님 당신을.

이 크신 모든 것을 손수 이루어 주신 하느님,
생명을 지닌 봄의 새순처럼 제 영혼은
다시 태어난 기쁨으로 노래합니다.

"크신 일을 이루신 하느님께
찬미와 영광과 흠숭을 드리나이다.
아멘.
알렐루야."

| 이순선 루치아 수녀, '아시시 프란치스코 전교 수녀회'
제39차 예수마음기도 40일 영성수련

주님! 이제 제 마음에 머무르십시오

주님! 이제 제 마음에 머무르십시오.
스치는 바람이나 흐르는 물처럼,
마음도 늘 돌이킬 수 없는 과거나 불확실한 미래에 머물러
소중히 다가와 찰나에 계신 당신을 영접하지 못했음은
참으로 안타까운 세월이었습니다.

부활하신 주님을 못 알아본 마리아 막달레나처럼
늘 곁에 계신 당신을 못 알아보고
허둥대며 찾았습니다.

언제나 어느 때나 마음을 돌이키면
마음 안에 머무르시는 주님!
그 마음 돌이킴이 천근만근의 무게도 아닌데
그리고 수억 원도 아닌데
지구를 몇 바퀴 돌아야 하는 수고로울 것도 없는데
왜 그렇게 마음 한 번 비우고 돌아서기가 어려웠는지 모르겠습니다.

당신께서 함께 머무르시니
질풍 같은 폭풍우도
지옥의 골짜기도
칠흑 같은 어둠 속에서도 기쁨과 평화가 가득합니다.

주님,
진심으로 감사드립니다.
염원하던 구세주를 만난 옛 예언자 안나처럼
이제야 주님이 머무르시는 곳을
찾게 해 주신 은덕을 깊이 감사드립니다.
찬미 영광 영원히 받으소서.

| 권순희 루치아, 여주 '베로니카의 집'
제26차 예수마음기도 40일 영성수련

사랑 찾아 떠난 여행

주님!
당신을 만나고 싶은 열망에
긴 여행을 시작해 봅니다.
내 안의 메마름과 갈증을 해소하기 위해
찾아 나서는 샘물
어딘가에 있을 그 샘물을 찾아서….

내 몸에 외로움을 떠나보내지 못해
끌어안았던 아픔들
사랑받고 싶은데 다가서지 못해 힘겨웠던 마음
기도하려 앉아서 분심과 놀았던 시간들
엄마의 자궁 속 태아 깊이에 있는 사랑의 불씨.

사람의 사랑을 받아야
마음이 충족되듯이
당신도 나의 전부를 원하셨네요.
처음으로 모두 드려 보는 나의 40일
이제 내 안에 당신이 계실 자리를 마련했습니다.

사랑 안에 머무는 감사의 시간입니다.
사랑 찾아 떠난 여행길에 사랑하는 님을 만나
이제는 다른 것이 필요하지 않습니다.
당신만 있으면 됩니다.

어린아이가 엄마만 있으면 세상을 살아갈 수 있듯이
이제 나도 당신만 있으면 됩니다.
주님만….

| 이향재 마리아 수녀, '한국순교복자수녀회'
제38차 예수마음기도 40일 영성수련

아! 자유로움

진리가 나를 자유롭게 해 주시니
내 영혼이 땅 위에서, 예수님 안에서 춤추었고
내 영혼이
예수님과 하느님께로
땅과 하늘로 오르내리며
솜털처럼 가볍고
어떤 그물에도 걸리지 않는
바람처럼 자유롭다.

주, 야훼 하느님 안에서의
아! 자유로움.
지극히 높으신 분 영원히 찬미받으소서.

| 김순자 안나 수녀, '성 마리아의 재속회'
제3, 27차 예수마음기도 40일 영성수련

님의 사랑, 님의 현존뿐!

나는
님의 사랑, 님의 현존일 뿐….

그리움과 고독감,
교만과 움츠러든 상처들로
가시덤불 가득한 나의 마음 밭을
옥토로 일구어 낸
님의 사랑.

진리 찾는 길에서
내 존재의 근원도 모른 채
생각과 관념의 유혹에 빠져 있을 때
그 길에 머무르면서
내 영혼에게 생명의 물을 주신
님의 사랑.

자애自愛와 이기심으로
님을 외면하고
절망과 비탄의 깊은 수렁에 떨어진

내 영혼을
푸른 풀밭 시냇가로 들어 올려
진리를 만나 기쁨과 환희를 주신
님의 사랑.

기쁨과 구원에 취해
님께 드리는
나의 찬미와 감사의 진정성이
변할지도 모른다는
불안 가운데에도
조용히 기다리며 용기를 주신
님의 사랑.

아, 이제 알았습니다!

나의 온 존재가
님의 사랑, 님의 현존임을,

찬미와 감사를 드리는 나는
없어져도
님의 현존은
영원무궁한 것임을.

살아 숨 쉬는 동안
내 영혼의 노래는
찬미와 감사뿐입니다.

| 손민숙 소화 데레사 수녀, 서울 '샬트르 성 바오로 수녀회'
제29, 44차 예수마음기도 40일 영성수련

하느님, 나의 아버지!

감사합니다, 아버지이신 하느님.

이제야 마음으로 당신을 아버지라고 부를 수 있습니다.
지극히 높으신 하느님이 나의 아버지로 계시니
제 마음이 얼마나 든든한지.

한 어린아이가 늘 세상과 맞서 자기의 옳음을 주장했습니다.
그러다가 기도 중에 자신의 영광을 좇고 있는 본모습을 보았지요.
이 모습은 아니다 싶어 제 힘으로 그 모습을 바꾸려 애썼습니다.

그러나 애를 쓰면 쓸수록 더럽혀진 모습에서 묵은 때는
덕지덕지 계속 나왔고 그것들을 닦아 내려고 무던히
애를 써도 소용이 없었습니다.

이제는 힘이 없어 울며불며 아버지를 불렀습니다.
그리고 그것들을 가져가 달라고 애원했습니다.
그랬더니 아버지 당신이 모든 것을 그냥 받아 주셨습니다.

아! 아버지 이제야 마음이 놓입니다.
더 이상 무엇을 이루려 애쓰지 않아도 되니 그저 편안합니다.
그냥 순간순간 저의 모든 것을 내어놓으면 그만이지요.

그럴 때마다 저는 평화와 안식을 누립니다.
에이, 이럴 줄 알았으면 진작 그랬던 건데….
아닙니다. 이것은 아버지 당신의 은총입니다.

든든한 내 마음
하느님! 내 마음 든든하오니
내 영혼이 당신을 찬양하나이다.

| 양기승 요한 수사, '마리스타 교육 수사회'
제25차 예수마음기도 40일 영성수련

들어보세요, 제 마음을!

들어보세요, 제 마음을!
지금 잔잔히 젖어 있어요.
흐뭇한 기쁨입니다.

들어보세요, 제 마음을!
하느님의 무릎에서 젖을 먹고 있어요.
흡족합니다.

들어보세요, 제 마음을!
깊어지는 평화로움, 넓어지는 동심원.
제가 성숙해지는 것 같아요.

들어보세요, 제 마음을!
흔들리는 하얀 마거리트와 함께 흔들리고 있어요.
노래하고 있는 거예요, 감사와 찬미를.

들어보세요, 제 마음을!
고요히 오신 분과 함께 살금살금 걷고 있어요.
기도하는 거예요, 같이 있는 거예요.

당신은

예전엔 찬란한 빛으로 오시더니
이번엔 고요한 새벽 여명처럼 오셨습니다.

속살이 뭉텅뭉텅 떨어져 나가는 아픔이더니
소리도 없이 오시어 늘 함께 있었노라고 어루만지십니다.

얼마나 오랜만에 느끼는 따스함인지요!
얼마나 오랜만에 느끼는 감격인지요!
얼마나 오랜만에 느끼는 자유로움인지요!

| 노경수 효주 아네스 수녀, 익산 '성글라라수도원'
제42차 예수마음기도 40일 영성수련

당신은 제 생의 전부입니다

주님, 당신의 사랑에 대한 그리움이
너무도 컸기에 시도 때도 없이 눈물이 흐릅니다.
엄마 떨어져 울던 아기가
엄마 만나면,
먹다가도 울고 또 울고 하듯이
저도 밥 한술 입에 넣고도 눈물을 삼키곤 합니다.

쉴 새 없이 중얼거리던
'생명'이 뭐예요?
그것이 당신께 대한 그리움인 줄 몰랐습니다.

생명을 찾으며 만난, 사나운 맹수!
캄캄하고도 긴 터널 속에서 지친 몸
이젠 그만 포기할까?
몇 번의 유혹이 나를 흔들고,
사납게 달려드는 맹수와 싸우는 것도 지겨워
주님, 하느님!
성인들이여, 대천사님!
애원하던 암흑의 시간들.

예고 없이 슬며시 다가온 당신!
너무도 가슴이 벅차고 기뻐서 다시 눈물이 납니다.
만나고 보니 바로 옆에 계셨던 당신을
너무나 먼 곳에서 헤맸나 봅니다.

제 속에 있는 것들도 용솟음치며 찬미합니다.
멀었던 눈 뜨였는지 닫혔던 가슴 뚫렸는지
당신 말씀 제 가슴 파고들어 눈물이 납니다.
폭풍이 지난 후 맑게 갠 날처럼
제 가슴엔 기쁨과 환희, 벅참과 평화가 가득합니다.
저 밑에서 솟아오르는 기쁨이 저를 가만두지 않습니다.

당신은 내 생의 전부,
당신은 나의 하느님이십니다.
세상 안에 있는 온갖 것들이 평화와 기쁨 속에
당신을 향해 손을 흔들며 찬미하고 춤을 춥니다.
주님,
당신 앞에 엎드려 드리는 말씀
감사하고 또 감사합니다.

모든 피조물로부터
영원무궁한 찬미, 영광 받으소서.
아멘.

| 곽정희 마리에타 수녀, '노틀담수녀회'
제32차 예수마음기도 40일 영성수련

사랑하는 나의 님이여!

사랑하는 나의 님이여!
난 당신을 사랑할 줄 몰랐네요.

나를 사랑하는 것이 당신을 사랑하는 것이고,
나마저도 버리고 당신을 사랑하는 것이
당신을 사랑하는 것임을 몰랐네요.

저 메마른 잎사귀가 나 같다고 울 때에도
내가 나를 미워해서 그런 줄 모르고
당신이 가 버리신 줄 알았네요.

삶의 고단함 속에서
스스로에게 지운 멍에인 줄 모르고
남을 책망하고 나를 책망하는 방식으로
당신을 미워했네요.

이렇게 사랑할 줄 몰라
내가 마치 하느님인 양
고인 물이 바다를 호령하듯

모든 이를 볶아 대며 살았네요.

절름발이 같은 인생은
당신을 사랑하게 하려는 도구였는데,
사랑하는 나의 님이여!
난 누구를 사랑해야 하는지 몰랐네요.

절름발이로 살아갈 것이 두려워 울 때까지도
난 누구를 사랑해야 하는지 몰랐네요.

내가 선택한 것은 내 것이라고,
당신이 주신 장난감들을 움켜쥐고
손잡아 주지 않는다고 울 때까지도
내 어린아이는 진정
누구를 사랑해야 하는지 몰랐네요.

내 모든 것의 주인이신
사랑하는 나의 하느님!
내게 필요한 건 오직 당신의 사랑이네요.

| 황인기 베드로 신부, '대전교구'

제44차 예수마음기도 40일 영성수련

주님은 찬미와 영광 받으소서

저는 당신께 아무것도 해 드린 것이 없는데
당신은
그 무엇으로도 값을 치를 수 없는
사랑과 은총을 거저 베풀어 주셨습니다.

저 자신도 모르고 지냈던 저의 굶주림을 채워 주시고
아픔과 고통을 위로해 주시고 치유해 주셨습니다.

너무나 사랑받기를 원했고
그래서 그 사랑을 얻기 위해
그동안 다른 곳에서
찾아보려고 애썼지만 찾을 수 없었습니다.

그러나 당신께서는 그 누구보다도
더 저를 사랑해 주심을
마음속 깊은 곳에서 속삭여 주셨고
저는 당신의 사랑의 바다에서 기쁨과 자유를 누렸습니다.

그것만으로도 충분한데 당신은 언제나
저와 함께 계시겠다고 약속하셨고
하느님 나라의 잔치에 기꺼이 초대해 주셨습니다.

당신 사랑의 초대에 이제 "예."라고 대답합니다.
그리고 당신께서 알려 주신대로
이 크신 선물을 거저 베풀어 주신 당신만을
섬기는 것이 저의 몫입니다.
주님, 감사합니다.
주님은 찬미와 영광을 받으소서.

| 안성철 마조리노 신부, '성바오로수도회'
제19차 예수마음기도 40일 영성수련

이제 멈춰 서서 나와 함께 머물자

이제 멈춰 서서 나와 함께 머물자.
일 더미에서 허덕이는 저에게 든득 들려온 주님의 새로운 부르심.
예, 주님. 당신의 때인가 봅니다. 멈추게 하소서.

누가 시키지도 않았는데 왜 무거운 짐을 지고 힘겨워 하느냐?
내가 그토록 많은 은총과 사랑을 쏟아 부었는데,
왜 이 풍성한 잔칫상을 즐기지도 못하느냐?
있는 그대로의 네 모습이 좋다는데 왜 자꾸 치장하려고 하느냐?

주님, 모르겠습니다.
제 힘으로는 제 삶의 굴레를 벗어날 수가 없습니다.
해도 해도 부족한 것 같고,
저의 약점이 더 크게 보이고,
알 수 없는 두려움과 잔걱정이 저를 떠나지 않습니다.

내가 언제 나를 위해 무얼 해 달라고 하더냐?
그냥 내 사랑 안에 머물러 있어다오.
내게 와서 편히 쉬고 마음껏 즐겨라.
내 것이 모두 네 것이 아니더냐?

너는 나의 사랑하는 딸,
내 마음에 드는 딸이니
너의 약함 속에서 나의 영광이 빛나리라.

당신께서는 아주 가만히
제 어깨의 짐을 말끔히 치워 주셨습니다.
제가 알아챌 수도 없이 부드럽게,
당신의 바위처럼 든든한 참생명의 힘 앞에서
제 두려움은 힘을 잃었습니다.
당신은 제 생명의 탯줄, 구원의 힘!
제 생명이 다할 때까지 구원의 감사의 잔을
받들고서 제 서원을 채워 드리겠나이다.

| 최혜영 엘리사벳 수녀, '성심수녀회'
제30차 예수마음기도 40일 영성수련

고백

9월의 단꿈이 산산이 부서져
빈 마음 되어 산길을 내려오니
주님께서 당신 마음 여정으로 나를 이끄셨네.

예수마음 하나에 분심의 화살들이 찍혀 나가고
예수마음 둘에 내 온몸과 온 마음을 실으니
예수마음 셋에 그분 마음이 나를 차지하셨네.
얼마나 지났을까?

친절과 봉사 뒤에 감추어진 인정의 욕구
완벽함 뒤에 숨겨진 교만한 마음….
진짜 나인 줄 알고 섬겼던 거짓 자아들이
그분의 마음 앞에 속수무책 무릎을 꿇었네.

없어져 버리고 싶은 존재의 아픔 대신해
속속들이 박아 주시는 하느님 아버지의 크신 사랑으로
아버지 없이 살아온 30여 년 설움의 보따리들이
어느새 강江이 되었네.

'너는 눈에 넣어도 아프지 않을 나의 귀염둥이, 나의 사랑이다.'
(이사43,4)
밤하늘의 별만큼 쏟아져 주시는 그분의 사랑 앞에
죽음의 계곡을 건너려던 10살의 소녀는
이내 울음을 그치고 산기슭을 내려왔네.

존재의 외로움과 허전함을
세상의 인정과 칭찬으로 연명해 온 내게
당신께서 주시는 생명수로만
살아갈 수 있음을 일깨워 주셨네.
그분의 이름에 목숨을 걸고 숨 막힐 듯 길을 찾다가
당신 손에 맡겨 드리고 온몸의 힘을 빼니
어느새 찾아오셔서 평화의 등불을 환히 비추셨네.

축포처럼 쏟아지는 흰 눈을 맞으며 새벽길을 나서니
부활을 맞은 얼떨떨함과 기쁨에 겨워
아직도 남은 여정을 걸어가고 있네.
"예수님, 길이 뭐예요?" 되물으면서.
하느님 아버지,

당신의 사랑이 저를 살리셨습니다.
하느님 아버지,
저를 온전히 받아 주소서!

| 이미숙 레지나 수녀, '한국외방선교수녀회'
제29, 45차 예수마음기도 40일 영성수련

십자가 위에서 춤을

아시나요?
분노로 얼룩진 마음을,
빼앗겨 버린 삶의 쓰라림을.

아시나요?
꿈을 가질 수 없는 비참함을,
자신을 잃어버린 공허함을.

그대는 아시나요?

갈갈이 찢겨진 '나'를 부둥켜안고 헤매다 당신을 만났죠.
그런 후, 다시 살아난 희망의 불씨 하나.

이제 그마저 놓으라는 목소리에 막막했었죠.
내겐 목숨과도 같은데, 나를 살리는 유일한 통로인데
제물로 바치라는 당신의 말씀
그건 제게 사형 선고였습니다.

거짓과 폭력으로 만연한 세상과 자신으로부터의 죽음,
생명의 강으로 건너기 위해 거쳐야 할 고난의 향연입니다.
당신도 그러하셨네요. 십자가의 죽음으로….

이제 그 자리에 당신이 오셨어요.
그 무엇으로도 바꿀 수 없는 당신이
창틈에 스며드는 아침 햇살로
시퍼렇게 멍이 든 빛깔로 저를 비춰 주시네요.

이제 그곳엔 더 이상
눈물도, 슬픔도, 원망도, 미움도, 고통도, 상처도
그리고 죽음마저도 없습니다.
"이전 것들이 다 사라져 버렸기 때문이죠."
그리고 그 자리에 제가 있네요. 평화로운 모습으로….

예수님!
그렇게 당신이 저와 함께
십자가 위에서 춤을 추셨네요.
부활로 향하는 축제의 춤을….

| 박재홍 베드로 신부, '광주대교구'

제43차 예수마음기도 40일 영성수련

두드리시오, 열어 주실 것입니다

"두드리시오, 열어 주실 것입니다."
이 말씀에 희망을 두고 문을 두드리기 시작했어.
그런데 어찌된 셈인지 문은 열리지 않고
손만 아프더라고.
그래서 들여다보니 온통 피멍투성이야.
어디서 생겼을까? 이 수많은 못들.
그런데 그중에서도 나를 가장 아프게 한 건
다른 못들을 대가리마저 안 보일 정도로 깊숙이 찔러 놓고 있는
나 자신이 박고 있는 못이었어.
"넌 좀 더 나은 인간이 되어 있어야 했어."
"너는 상처 입을 자격조차 없는 놈이야."
하면서 눈을 질끈 감은 채 부서져라 박고 있는 못이었어.
"내가 그렇게 미웠니?"
울고 있는 내가 너무도 가엾고 미안해서 부둥켜안고 한참을 울었어.
있지도 않은 허상의 나를 드높이느라 그렇게 자신을 괴롭혀 왔어.
한참을 울고 있는데 문을 두드리는 소리는 그치지 않았어.
'누굴까? 나는 아닌데…' 하면서 살며시 열어 보니,
문은 처음부터 잠겨 있지 않았어.

그리고…
세상에!
그분이 와 계신 거야.
그분이 나보다 먼저 와 계신 거야.
아니, 그분은 처음부터 늘 거기에 계셨어.
멀리서 아들이라고 할 자격조차 없다고 엎드린 내게 그분이 달려와서
목을 끌어안고 입을 맞추고 손에는 가락지를 끼워 주셨어.
그리고 외치셨어.
"너는 내 아들, 내가 지극히 사랑하는 아들이다!"
이제는 그분 얼굴 보이지 않아도
내 마음속에 걸어 두신 등불 들고
그분 뒤를 따라가고 싶어.

| 김유정 유스티노 신부, '대전교구'
제30차 예수마음기도 40일 영성수련

주님을 만난 후

주님,
당신을 만나고서야 알았습니다.
제가 찾던 게 무엇인지.
자유,
내 마음대로 하고픈 자유.

주님,
당신을 만나고서야 알았습니다.
참자유가 무엇인지.
평화,
당신과 온전히 하나 된 평화로움.

주님,
당신을 만나고서야 알았습니다.
회개가 무엇인지.
따름,
내 뜻이 아닌 아버지의 뜻을 따름.

주님,
당신을 만나고서야 알았습니다.
은총이 무엇인지.
기쁨,
이유도 없이 마구 샘솟는 기쁨.

주님,
당신을 만나고서야 알았습니다.
사랑이 무엇인지.
당신,
놀라운 기적으로 나에게 오신 분.

| 홍정순 도르가 수녀, '한국외방선교수녀회'
제27차 예수마음기도 40일 영성수련

새로운 길

주님 따라가는 여정에 불뚝불뚝 일어나는 어둠은 무엇인가?
계속되는 답답함이 나를 이 길로 이끌었네.

하루하루 걸어 봐도 끝도 없이 지루한 길
잔잔한 날도 없네. 끝도 없이 불어 대는 길
이 손 저 손으로 막아가며 끝도 없이 걷는 길

진리라고 길 이름이 붙여지던 날, 뭉게구름이 이는구나.
세찬 바람에 폭풍우, 길도 점점 험해지네.
만났구나! 앞은 절벽이요, 양옆은 끝도 없는 낭떠러지
올가미에 걸린 마냥 꼼짝없이 묶였구나.
이리저리 둘러봐도 가던 길 보이지 않네.
거 누구 없소! 불러 봐도 소용없네.
날까지도 어두워지네.
나 어찌하오, 어찌하오, 오도 가도 못하겠소.
한참을 헤매다가 정신마저 잃는구나.

얼마나 지났을까?
깨고 보니 전에 이런 일이 있었던가?

끝없는 푸른 초원에 청명한 하늘일세.
아! 어찌 이리도 맑을꼬.
아하! 그동안 하느님 자리 내가 가로막고 서 있었네.

| 박상용 아우구스티노 신부, '원주교구'
제7차 예수마음기도 40일 영성수련

주님! 주님께서 하십시오

주님! 저 정말 죽는 줄 알았습니다.
그런데 주님은 절 버리지 않으셨군요!
주님은 절 버리지 않으셨어요!

길을 찾아 소리치고, 두리번거리면 거릴수록
더욱 암흑 같은 어둠과 수렁 길만 보일 뿐.
주님마저 침묵 속에 아니 보이셨습니다.

외로움과 처절한 고통
생전 처음 마주하는
영혼의 빈곤이었습니다.

길이요, 진리요, 생명이신 주님!
길이 무엇인지 제게도 가르쳐 주십시오.
그 길을 통해 영원한 생명을 얻게 해 주십시오!
이 기도를 품었다 던졌다를 수십 번
그래도 여전히 침묵만이 계속될 뿐.

기도 따라 유혹자는 더욱 맹렬하게 달려들 뿐
아무 도움도 없어만 보이고
초조와 불안은
내 영혼을 더욱 조여 옵니다.

주님! 주님께서 하십시오.

하염없이 흐르는 눈물.
주체할 수 없이 흐르는 눈물….
아! 주님께서 저를 버리지 않으셨군요!
주님께서 저를 버리지 않으셨어요!

이 기쁨! 이 감사! 알렐루야! 알렐루야!
주님께서 이렇게 오시는 것입니까?

| 조영숙 마리 요셉파 수녀, '파티마의 성모 프란치스코 수녀회'
제42차 예수마음기도 40일 영성수련

깊이, 길이 사랑하고저

깊이 길이 사랑하고저 홀로 길 떠났네.
멀고도 험한 길 걸어 마침내 하늘 본향 다다랐네.

수치의 골짜기 지나
깊은 절망과 갈망의 숲 헤치고
예수마음의 사랑 나 예까지 옮겨 놓으셨네.

빈손 펼치어
깊은숨 들이마시니
황송하옵게도 앉은 그대로 하늘 얼굴 마주하네.

맑고 투명한 있는 그대로 하늘 얼굴 마주하네.
더 없이 편안한 안정감, 온화한 생기生氣.

과거의 형상은 있으되 거기 마음 없고,
아직 오지 않은 미래는 하늘 뜻대로
오직 그분 현존 안에 있는 지금,
여기 현재만이 있을 뿐이네.

모두가
크신 그분 현존 안에 있네.

| 이은주 마리 헬렌 수녀, 서울 '샬트르 성 바오로 수녀회'
제29차 예수마음기도 40일 영성수련

빈 들에서 만난 참생명

긴 여정을 떠난 지 여러 날
조급한 마음에 여기저기 주님 찾아 가물거리며
설렘 속에
제자들과 고기잡이 하시던 호숫가로 나가 보았네.

호숫가 오솔길을 따라 그분을 찾아 걷다 보니
아름답게 핀 꽃들에게 마음을 주고 말았네.
화사한 꽃잎 사이사이에 숨겨져 있는
이기적인 마음이 고개를 들고 바라보고 있네.
위선으로 꾸며진 꽃들이 유난히 사람들의 시선을 끌고 있었네.

고요하고 평화로운 바다가 자꾸 오라 초대하네.
잔잔한 바다 위로 비친 햇살은
그분의 숨결 같아 위로가 되고,
실바람 속에서 느껴 오는 촉감은
그분의 속삭임 같아 행복하네.

밤새 심한 폭풍이 불어오더니
검은 물체가 바다를 떠돌고 있었네.

깊은 마음속 심연에서 올라온 것은
온갖 허물로 누벼 놓은 아픔이었네.
순간 두려움이 내 마음으로 밀려오고 있네.

산들바람이 함께 걷자며 용기를 주었네.
높은 이상으로 치솟은 산은 너무 험하고 가팔라서
바람 부는 빈 들에 넋 놓고 앉아 투정을 부리며
허탈감을 달래고 있었네.

"위선을 벗어 버리고 가면을 벗어 던져라."
그 순간 한 치의 망설임 없이 그분께 달려가니
차가운 아픔이 녹아 눈물이 되어 흘러내리네.

"나를 보렴."
그분의 자애로운 눈빛은 죄스러운 고통까지
녹아내리게 하시네.
완고했던 마음 다시 살아 숨을 쉬듯
울음도 솟아나고 웃음도 피어나네.

생명의 주님. 감사합니다.
생명의 주님, 찬미와 영광 영원히 받으옵소서.

| 서재숙 아우구스티나 수녀, '천주 섭리 수녀회'
제48차 예수마음기도 40일 영성수련

빛의 하느님

빛이신 하느님,
찬미와 영광 영원히 받으소서.

겨울에 광야로 부르시어
46년간 하느님 외의 것들에 마음이 팔린
영혼을 눈물로 씻어 주시고
새 길을 열어 주신 하느님,

여름으로 가는 길목에서
이름을 불러 주시어
뿌리가 잘 내리고 있는지 살피시더니,
빛을 주셨네.
어둠을 뚫고 부활하신 그리스도의 빛을 통하여
빛을 보게 되었다네.

복잡한 길을 걷다가도 제자리에 돌아오면
계속되는 침묵의 여정,
어느 날 새벽,
꿈속에서도 구원하시는 하느님을 뵈었다네.

46년간 공들여 지어 놓은 성전을
허물리라 하시더니 엄청난 괴물을 잡아 주셨네.
그 괴물은 꼬리만 남기고 변신을 계속해 온
몸체는 하나지만 꼬리가 많은 괴물인데
마치 대낮에 활동하는
내 속에 숨겨진 또 다른 나였다네.

무엇을 숨기고자
그렇게 깜깜한 곳에서 활동하면서 살았는가?
무엇이 두려워서
꼬리만 남기고 변신을 계속했던가?

그 괴물이 죽자, 홀가분한 내 영혼,
더 넓게 열리는 심연의 깊은 세계,
하느님께서는 깸과 잠듦을 드나들어도
길을 잃지 않도록 실타래 하나를 주셨네.
그 실타래는 부활하신 예수 그리스도이시네.

빛의 하느님께서는
내가 깨어 있거나, 잠들어 있거나
언제나 나와 함께 계시니,
내 무엇을 두려워하리오?

나는 오직 하느님 앞에서
한 가지
'예수님, 영원한 생명이 무엇입니까?' 라는 물음으로
은총의 통로가 되는 것밖에는.

| 이수기 요안나 수녀, '성심수녀회'
제35, 36차 예수마음기도 40일 영성수련

저의 주님, 사랑합니다

당신을 섬기고 있는 줄 알았습니다.
내 모든 것을 버리고 충실하게
그렇게 당신을 기꺼이 따르고 있다고 생각했습니다.
그러나 모든 것이 착각이었습니다.
인정받고 싶은 마음 숨겨 둔 채
제가 만들어 놓은 이상을 좇고 있었습니다.
그러니 그 이상에 다다르지 못하자 결국 무너질 수밖에요.
공허했고 스스로를 비하하고 자책하기 시작했습니다.
어떻게 해야 할지 몰라 헤매고 있을 때
당신께서 이런 저를 다시 일으켜 주셨습니다.
무엇을 하던지, 하지 않던지, 그것은 중요하지 않다고
너는 그저 있는 그대로 나의 소중한 아들,
눈에 넣어도 아프지 않은 나의 귀염둥이!
처음부터 지금까지
영원히 그럴 것이라고 말씀해 주십니다.
더욱 놀라운 것!
정신을 차리고 마음을 다해 당신을 보려고 노력하니
언제나 당신께서는 제 무거운 짐을 함께 지고
모든 순간에 함께하셨다는 것입니다.

저 비록 약하고 힘이 없어서 보이지 않고 들리지 않는 당신을
또 쉽게 잊어버리겠지요.
그러나 이젠 두렵지 않습니다.
당신께서 함께 계신다는 것을 믿기에
이젠 마음으로 느낄 수 있기에
당신 향해 끊임없이 나아가렵니다.

예수마음의 사랑이여!
　　　제 마음을 불사르소서.

| 주성호 레오 신부, '광주대교구'
제46차 예수마음기도 40일 영성수련

새 하늘 새 땅

나의 삶의 여정에서
예수님이 나와 함께 나란히 걸어오심을
느끼는 고요한 순간,

예수님이 당하신 희롱, 모욕, 침 뱉음, 채찍질이
바로 나의 분노, 억울함, 아픔, 상처였음을
느끼는 은혜로운 순간.

예수님이 내 안에 살아 숨 쉬기 위해서
지난 모든 일들이
감사한 일로 다가오는 순간.

예수님께서 오늘 오후 나에게 순간적으로
스쳐지나 가면서
하느님의 뜻은 "사랑" 이라고 느끼게 해 주셨다.

아! 얼마나 오랜 세월 나는 어리석게 일 자체에
가치를 두고 있었던가!

누가 감히 나를 예수님의 사랑에서
떼어 놓을 수 있을까?

통회와 감사와 기쁨의 눈물을 봉헌하는 이 순간,

새 하늘과 새 땅이 너무나 사랑스럽고
아름답게 느껴진다.

| 임선 체칠리아 수녀, '천주 섭리 수녀회'
제19차 예수마음기도 40일 영성수련

황무지를 가꾸시다

나는 황무지다.
손이 터지게 땅을 파도 흙먼지만 날린다.
메마르기만 한 긴 날들이 지루하게 지나가고
기진한 나는 하늘을 바라보며 단비만 기다린다.
느리게 느리게 변화도 느낌도 없이 가는 날들.

그런데 천천히 내 안 깊은 그 속에서 조용히
숨소리조차 들리지 않게 꼼지락꼼지락 움직이셨나 보다.
어느 날 문득 바라보니 나를 다 갈아엎어 놓으셨다.
기름진 검은 흙으로 밭을 만들어 놓으셨다.
언제 이 일을 다하셨을까? 경이롭기만 하다.

이 부드러운 밭에 이제 씨앗을 뿌리라고 하신다.
때가 되었다고.
느리게 하지만 분명하게 모든 일을 다 해 놓으신
부지런하신 주님은
메마른 황무지를 이렇게 옥토로 만들어 놓으셨다.

이제야 비로소 느낀다.
깊은 그곳에서 내가 잘 때에도 쉴 때에도 슬플 때에도
절망 속에 있을 때에도 쉬지 않고 사각사각 일하고 계신다.
나의 주님은!
내가 고요하니 느껴진다.

| 이은희 데레사 수녀, '마리아의 작은 자매회'
제41차 예수마음기도 40일 영성수련

주님 감사합니다

아! 자유로움이여.
아! 평화로움이여.
아! 넉넉함이여.
정수리를 쪼개고 심장에 저며 오는
하느님의 사랑이여.

얼마나 오랜 기간 외롭고,
추운 어두움 속에 갇혀 있었던가!
얼마나 오랫동안
위태로운 죽음의 길을 걸었던가!

주께서 찾아 주셨네!
먹구름을 뚫고
따사로운 한 줄기
햇살로 찾아 주셨네!
오! 새 생명이여.

어렸을 적 아주 오랜 옛날
성당의 종소리에

가슴 아려 오는
그 무엇이 있었지.
명오가 열리고
나의 길을 선택할 즈음에도
가슴을 스치는
그 무엇이 있었지.

주님께
온몸과 마음을 봉헌하겠노라고
열정을 불태우던 수품 전후에도
마음을 훑고 지나가는
그 무엇이 있었지.

그러나
어두움에 가려
그것이 무엇인지를 몰랐다네.
심연에 갇혀 허우적거리는
나에게는 들릴 리 만무.

그러나
내 목자는 나를 잊지 않으셨네.
어두운 골짜기까지
몸소 찾아 주셨네.
부드러움으로,
따사로움으로,
사랑으로 안아 주셨네.

그날 처음으로 나는
내게서 비롯되는 것이 아니라
그분에게서
비롯된다는 사실에
섬광이 번쩍
눈에서 비늘이 떨어졌다네.

새벽녘에 쏟아지는 별빛을
가슴 가득 받으면서
나의 눈물도 같이 부서져 내렸다네.
과거요, 현재요, 미래라는 구슬이

주님의 생명으로 하나로 꿰어졌다네.

언제 어디서나
안길 품이 있다는 것
되돌아갈 품이 있다는 것
내게는 생명보다 더 값진 것이네.
품 안에서 오늘도
감사하며 살아가려네.

| 김용운 시몬 신부, '광주대교구'
제7차 예수마음기도 40일 영성수련

주님, 다 고맙습니다

주님, 다 고맙습니다.
생기지 않은 모든 일과 생긴 모든 일에
있는 그대로의 모습과 당신의 진리에!
주님, 다 고맙습니다.

| 이연학 요나 신부, 고성 '올리베따노 성 베네딕토 수도회'
제16차 예수마음기도 40일 영성수련

제2부

내 가 체 험 한 영 성 수 련

동행

숲 속으로 난 길을 호젓이 걸어갑니다.
깊고 큰 산 아름드리나무들이 하늘을 찌를 듯이 서 있습니다.
어디선가 길이 갈라진 곳에서
노인 한 분 끼어들어 함께 갑니다.
모자를 눌러쓰고 별로 말도 없어서
"날씨가 좋지요?" 하고 물으니
"그래도 좀 있으면 비가 올 것 같소." 합니다.
길을 걷다가 잠시 앉아 허리춤에 찬 물병의 물을
나누어 주는 것이 나쁜 사람 같지는 않습니다.
"고맙습니다."
"뭘 그러슈. 대단한 것도 아닌데, 목마르면 물 마셔야지."
다시 걷는데 서먹한 분위기가 싫어서 내가 아는 대로
새, 꽃, 나무, 바위 이야기를 해도 그저 고개만 끄덕일 뿐
별로 말이 없습니다.
"그런데 어디 사세요?"
"저 산 너머에 산다오."
이윽고 다시 길이 갈라지는 데서
"잘 가시유."
"여기서 헤어지네요, 고맙습니다. 물도 주시고."

"천천히 가시유. 그리고 산행할 때에는 너무 많은 것들을 가지고 다닐 필요 없어요. 언제 한 번 놀러 오시구려."
"예, 감사합니다." 고개 숙여 인사하는데
"아 참, 이 나침반이나 가져가시유. 바늘이 가리키는 데로 가시구려."
"아, 예…."
떠나가는 그 노인의 존함도 여쭙지 못했지만 뒷모습이 낯익습니다.
얼마쯤 가다가 뒤돌아서 손을 흔들어 주는 모습에
나도 손을 흔들어 봅니다.
그리고 계속 나도 걸어갑니다.

| 김훈 안토니오 신부, '전주교구'
제48차 예수마음기도 40일 영성수련

24시간 내내 1초도 남김없이

권 수녀님이 하늘나라 잔치에 초대되었습니다.

예수님께서 많은 사람들 속에 있는 수녀님을 먼저 보시고, '어이쿠, 저 수녀님을 드디어 만나게 되었구나. 저 수녀님은 나에게 청할 것이 있으면 24시간 내내 1초도 남김없이 졸라 대니 들어주지 않고서는 도저히 배겨 낼 수가 없단 말이야. 게다가 사방에서 많은 사람들을 불러 모아서 나에게 청할 것이 있으면 24시간 내내 1초도 남김없이 조르라고 부추긴단 말이야. 뿐만 아니라 다른 사람들은 눈을 감고 기도를 해서 내가 가끔씩 슬쩍슬쩍 빠져나갈 수 있는데, 저 수녀님은 사람들에게 가르치기를 눈을 똥그랗게 뜨고, 나를 쳐다보면서 길이 무엇인지, 진리가 무엇인지, 생명이 무엇인지 물어보라고 하니 어디 내가 도저히 달아날 구석이 있어야지! 그러니 저 수녀님이 원하는 것이 있으면 귀찮게 조르기 전에 얼른 들어줘야지.' 하고 생각하셨습니다.

그때 예수님께서 권 수녀님과 딱 마주쳤습니다.

"아이고! 수녀님, 안녕하십니까? 이번에는 수녀님이 원하시는 것이 무엇입니까?" 하고 예수님이 물으셨습니다. 권 수녀님은 "네, 예수님, 저는 24시간 내내 1초도 남김없이 주님 곁에 함께 있고 싶어요." 하고 대답했습니다.

예수님께서 "아이구야!" 하고 이마를 탁 치시며 환하게 껄껄껄

웃으셨답니다.

    저는 사랑하는 님을 잃고 실의에 젖은 나날을 보내고 있었습니다. 그 님을 찾아 사방을 찾아 헤매었지만 그 님은 간 곳이 없었습니다. 울며불며 수소문하며 돌아다니고 헤매는 시기에, 1초도 남김없이 기도하라는 '권 수녀님의 등쌀'에 기도하다 보니 마침내 하느님을 만나 뵙고 한때 가졌다가 잃어버린 보물을 다시 찾았습니다.

    이 벅찬 가슴, 그 샘솟는 기쁨을 무엇으로 다 표현할 수 있으리.
나의 구원, 나의 하느님 감사합니다.
숨 쉬는 것 모두 주님을 찬양하여라.

| 박노문 제오르지오 신부, '한국외방선교회'
제31, 48차 예수마음기도 40일 영성수련

분심의 통제 구역

 시간과 공간을 초월하여 친밀하고 끈질기게 다가오는 분심과 대화하는 것은 벌집을 건드리는 것과 같다. 분심은 몸의 소리, 정신의 소리, 마음의 소리라며 애정 표현하듯이 다가와 속삭인다. 잘 놀고 있는 분심 속에 "참생명이 뭐예요?"라는 질문을 던지니 야단법석이다.
 몸 따로, 생각 따로, 마음 따로 제각기 바쁘게 놀아나며 입으로만 중얼거리는 기도를 할 수밖에 없는 것은 무슨 분심 때문인가? 오는 분심 호통쳐 보고, 흘려보내고, 달래 보며, 가는 분심 잡지 마라 하지만 어디 그리 쉬운가? 과거 분심, 현재 분심, 미래 분심들이 잔칫상을 차려 놓고 화려하게 유혹하지만 참생명을 만나지 못한다면 무슨 의미가 있겠는가?
 "너희는 그분의 나라를 찾아라. 그러면 이것들도 곁들여 받게 될 것이다."(루카12,31) 지금까지 곁들여 받은 것들에 목숨을 걸고 살았으니 분심은 친밀한 나의 삶의 동반자였다. 그러나 우선순위를 바꿔 보니, 분심들이 슬금슬금 꽁무니를 뺀다. 분심에 동요되지 않고 자기들끼리 자리다툼하며 싸우는 모습을 지켜볼 수 있는 여유가 생겼다.
 '오라! 분심에 동요되지 않고 따라가지 않고 빠지지 않는 방법은 참생명이신 주님 안에서 마음과 생각과 정성을 다하여 그분의 뜻을 추구하며 일치할 때만 가능하구나!' 하느님의 성광聖光에 쌓여 어떠한 악의 세력도 접근할 수 없이 보호받았던 여인(묵시12)처럼, 이는 하느님의 사람이요, 능력이며 은총의 선물임을 고백하지 않을 수가 없다.

참생명인 하느님을 만났을 때 이런 느낌들이 공통된 것들이었다.

- 정신은 더 맑아지고 집중되며 밖의 일에 동요되지 않았다.
- 가슴은 벅차오르고 영혼은 기뻐 뛰었다.
- 의식적인 힘은 빠지고 마음의 평온함과 몸의 가벼움을 느꼈다.
- 때로 몸은 전율로 반응하고, 눈에서는 눈물로 응답했다.
- 시간은 너무 빨리 지나갔고, 편안한 잠을 자고 난 것 같았다.
- 분심은 하느님의 기운(분심의 통제 구역) 안까지는 접근할 수 없다는 것을 느꼈다.

| 윤기선 마리아 요셉 신부, 호주 '멜버른교구'
제43차 예수마음기도 40일 영성수련

전인격적으로 하느님을 만나게 하는
'예수마음기도'

　'예수마음기도 40일 영성수련'을 할 때는 인간의 자연 본성을 거스르거나 무시하지 않으면서 순리대로 몸, 마음, 정신, 심정, 감정들, 무의식에 억압해 놓은 것까지 다 하느님 앞에 가지고 와서 드러내 놓아야 합니다. 그러고 나서 슬픔, 아픔, 고통, 분노, 좌절 등을 직면하면서 항의, 탄원, 호소, 반항, 거절 등 마음이 움직이는 대로 기도를 합니다.
　하느님께서는 이 40일 영성수련을 통해서 전인격적인 변화를 주시면서 당신의 빛과 은총으로 당신의 자녀가 되는 기쁨을 맛보게 하였습니다. 피정자들은 영성수련의 끝자락에 와서는 하느님께 자연스레 감사와 찬미를 드리게 되고, 기쁨 가득한 생동감 넘치는 삶을 사는 법을 알게 되는 체험을 합니다.
　'예수마음기도 40일 영성수련' 중 중요한 것은 성령께서 활동하실 수 있도록 피정자 자신은 열린 마음의 개방과 솔직성, 적극성 내지 하느님을 만나고 싶어 하는 갈망이 있어야 하고, 영적 동반을 해 주시는 분은 영적 식별력을 지닌 지도자라야 된다는 것입니다. 또한 영적 동반자의 강의를 듣고, 영성수련을 어떻게 해야 되는지를 위해 쓴 책을 읽는 것도 매우 큰 도움이 됩니다.
　'예수마음기도 40일 영성수련'은 개인 피정이 아닌 여러 명이 정해진 시간표에 따라 기도, 식사, 운동, 설거지, 청소, 휴식 등 일상을 함께하기에 마음을 집중하는 데 많은 도움을 주었습니다. 오로지 하느님만을 찾는 영적 여정에서 하루에 정좌 자세로 8시간을 기도하는 것도 함께하기 때문에 가능하다고 봅니다. 마음과 육체, 영혼이 조화를 이루며 여정을 가야 하기 때문에 나태함이나 망상에 빠져들지 않도록 다른 사람들과 함께 협력하면서 가는 여정이라 가능했다고 봅니다.

이렇게 정해진 일정에 따라 하는 것을 원칙으로 하면서도 아프거나 허약한 이들에 대한 배려에 감동했습니다. 영적인 것만 다루고 보살피는 것이 아니라 몸이 아프면 병원에 데려가 치료받게 하시고, 한 사람 한 사람을 몸, 마음, 정신, 심정, 영성까지 다 보살펴서 전인적으로 주님을 만나도록 해 주심에 감사드립니다.

| 서문희자 안칠라 수녀, 장성 '성글라라수도원'
제43차 예수마음기도 40일 영성수련

세 번째 탄생

　나에게 주님이 오셨습니다. 그리고 말씀을 건네셨습니다. 내 생애 처음으로.
　'주님은 찬미 찬송받으소서! 나에게 이런 은총의 축복을 주셔서 감사, 감사드릴 뿐입니다. 기도로 반석을 쌓고, 기도의 집을 짓도록 노력하겠사오니, 당신이 인도하소서!'
　"하느님, 아버지. 참생명이 뭐예요? 주세요!" 하고 말하자 벽 십자가가 너무도 선명히 보이는 것입니다. 순간 거기에서 따뜻한 기운이 나에게 새벽 물안개 모양으로 퍼져 나와 감싸더니 "반석 위에 집을 지어라." 하시는 말씀이 들립니다. '뭐요? 반석? 집? 무슨 말이라냐?' 현존보다 그것이 더 궁금한데 즉시 '반석 위의 집', '모래 위의 집', '물이 들이차면….' 하는 생각이 떠올라, 일어나 형광등을 켜고 성경을 쫙 펴서 단번에 마태오 복음서 7장 24절부터 읽어 내려갔습니다.

24절 | 그러므로 나의 이 말을 듣고 실행하는 이는 모두 자기 집을 반석 위에 지은 슬기로운 사람과 같을 것이다.
25절 | 비가 내려 강물이 밀려오고 바람이 그 집에 들이쳤지만 무너지지 않았다. 반석 위에 세워졌기 때문이다.
26절 | 그러나 나의 이 말을 듣고 실행하지 않는 자는 모두 자기 집

을 모래 위에 지은 어리석은 사람과 같다.
27절 | 비가 내려 강물이 밀려오고 바람이 불어 그 집에 휘몰아치자 무너져 버렸다. 완전히 무너지고 말았다.

'아, 내가 모래 위에 집을 짓고 살았나 보다. 말씀을 듣고 실행하는 삶, 깨어 기도함으로써 더욱 성숙되고 영성적으로 살라는 말씀이신가 보다.' 라는 생각뿐이었습니다. 그리고 몸과 마음은 날아갈 듯, 온통 감사뿐이었지요.
"주님 목소리를 오늘 듣게 되거든 너희 마음을 무디게 하지 마라. … 기뻐하고 춤추며 주님을 찬양하라."
그러나 이틀이 지나면서 24, 25절보다 26, 27절이 깊이 있게 떠오르면서 나를 깨우칩니다.
"강물이 밀려오고 바람이 불어 그 집에 휘몰아치자 무너져 버렸다. 완전히 무너지고 말았다."
이 성경 구절이 마음에 맴돌면서 떠오르는 장면은 태풍 '루사' 때 무주 어느 교우(권 요안나)의 집입니다. 천변의 그 집이 둑이 무너지면서 절반 이상 없어지고, 콘크리트 건물이 쩍 갈라져 그야말로 무너지기 직전이었지요. 그때에 한 시간만 비가 더 왔어도 그 집뿐 아니라 무주읍이 수몰될 뻔했습니다. 어쨌든 그 집이 떠오르면서 '내 위치, 신세가 그런 처지로구나.' 라는 확신이 들었습니다.

'무너지기 일보전인 나, 성수대교 난간에 걸린 나였구나. 그러면 강물은 무엇이고 바람은 무엇일까?'

답도 나옵니다. 강물은 술이요, 바람은 끌어안고 살아온 욕망의 불덩어리지요. 지금까지는 참으로 용하게, 아니 하느님의 은총으로 위태위태하면서도 지켜 주셨지만, 체력도 달리고 나이도 먹은 주제에 옛날과 똑같은 호기로 또 퍼마신다면 술독에 빠져 죽거나 위나 장, 어딘가 고장이 나서 제대로 산목숨이 아닐 것이고, 또 불덩어리도 그러하지요. 끌어안을 만하다고 하나 아직은 불씨가 살아 있으니 언제 그것이 바람을 타고 타올라 낙산사 태우듯 태워 버려 삶이, 생명이 끝날지 누가 장담하겠습니까? 생각해 보면 꼭 죽어야 할 자리였지요. 영적으로는 물론 육적으로도 말입니다.

하느님께서는 그 죽을 자리에서 저를 불러내어 이곳에 오게 하셨습니다. 그분의 사랑과 도움, 은총으로 저는 이 모든 것을 보고 느꼈습니다. 거기에 더하여 하느님의 현존과 말씀을 듣는 영광을 받았으니 그저 감사, 찬미드릴 뿐입니다.

제3의 탄생? 그렇습니다. 어머니 배 속으로부터 첫 번째 탄생, 세례 때 두 번째 탄생, 그리고 오늘 영적인 세 번째 탄생이라고 하고 싶습니다. 감히!

그리고 바로 이것이 저에게는 참생명입니다. 그러니 기뻐 노래하지 않을 수 있습니까? 춤추지 않을 수 있습니까? 내내 기쁨이요, 감사입니다.

"죽을 자리에서 살려 주셨으니 새로이 반석 위에 너의 집을 지어라."
"예, 그리하도록 명심하겠습니다. 저의 집을 충실히 짓도록 하겠습니다."

| 박종탁 마태오 신부, '전주교구'
제45차 예수마음기도 40일 영성수련

제3부

영성수련
6단계 여정 체험

아! 자유롭다

40일 여정에로 부르시는 하느님 | 부르심의 단계

감사의 마음으로 지난 40일의 여정을 되돌아봅니다.

피정을 시작하면서 우리 모두는 각자의 구세사救世史를 나누었습니다. 각자의 역사 안에서 있었던 큰 맥락의 상처와 아픔, 선물들을 들을 수 있었는데 제 경우 구세사의 큰 핵심은 출생 전의 일이었습니다.

임신을 원하지 않으셨던 어머니는 제가 잉태된 사실을 아시고 임신 2개월부터 약 3주가량 낙태약을 복용했다고 합니다. 그런데 낙태는 되지 않았고 이로 인한 부작용으로 도리어 어머니가 의식을 잃게 되어, 낙태는 포기하고 어머니의 몸을 회복시키는 데 모든 노력을 기울였다고 합니다. 이러한 과정을 겪으셨던 어머니는 아기가 장애아로 태어날까 봐 무척 걱정하셨다고 합니다. 다행히 저는 정상아로 태어났고 그 사실만으로 가족들은 크게 기뻐했습니다.

저는 태아 때 어려움을 겪어서인지 모르지만 어린 시절에 대한 제 기억은 항상 몸이 약했고 자주 아팠으며 친구들과 어울려 뛰놀지 못했습니다.

치유하시는 하느님 | 정화의 단계

　'예수마음기도 40일 영성수련'을 하기 전에 '8박 9일 피정'을 했습니다. 그때 강의하는 수녀님의 '주먹'이 제 마음에 계속 맴돌았습니다.

　이번 40일 영성수련 여정 안에서 그 주먹이 '죽지 않고 살아 보려고 안간힘을 쓰는 태아의 주먹'으로 다가왔습니다. 제가 기억할 수 없는 태아 때의 일이지만 기도 안에서 제 마음 깊은 곳에서부터 "죽여 버리지 왜 살리셨어요!" 하는 울부짖음이 터져 나왔습니다. 분노와 서러움이 저를 휘감았습니다.

　"엄마도 나 버리고, 하느님도 나 버리고… 죽여 버리지 왜 살리셨어요!"

　내면의 아픔과 함께 제가 일상을 살아가면서 저도 모르게 겪어야 했던 공허감과 허전함, 무기력함의 아픔이 밀려왔습니다. 이 분노와 아픔이 얼마나 컸던지 밤을 새우며 울고 하소연했고 급기야 제 온몸이 기진해졌습니다.

　이러한 아픔을 겪고 난 후 저는 기도 안에서 2개월 된 태아를 다시 만났습니다. 저의 두 손바닥 위에 태아가 누워 있었는데 평안하게 웃고 있었습니다.

"너를 만나서 정말 반갑다. 얼마나 만나고 싶었는지, 얼마나 보고 싶었는지, 많이 힘들었지? 괜찮아!"

태아와 한참을 이야기한 후, 태아도 저도 편안해졌습니다.

40년을 넘게 살아오면서 저의 내면에서 2개월 된 태아가 이렇게 계속해서 울부짖고 있다는 사실을 전혀 깨닫지 못했습니다. 울부짖는 태아를 만나지 못해 제가 얼마나 힘들게 살아왔는지요. 이유도 모른 채 제가 겪었던 공허감과 허전함, 무기력함의 뿌리를 만나게 되었고, 그것은 그동안의 제 모든 아픔이 통째로 치유되는 체험이었습니다.

태아 때의 아픔을 다루는 것이 처음은 아니었습니다. 피정을 하면서 자주 다루었지만 그때마다 제가 정상아로 태어난 것이 감사하다는 정도였습니다. 그러나 이번 40일 피정을 하면서는 제 내면 깊은 바닥에서부터 올라오는 울부짖는 소리를 들을 수 있었습니다. 상처 받은 저의 모습을 있는 그대로 만날 수 있었습니다. 머리도 아니고 가슴도 아닌, 저의 뱃속 깊은 곳에서 울려 나오는 소리가 있음을 깨닫게 되었습니다.

자녀가 되도록 이끄시는 하느님 | 조명의 단계

이러한 체험이 있은 후 저는 마음이 안정되고 편안해져서 이때부터 성경 말씀이 저에게 들어오기 시작했습니다.

"당신은 저의 주님. 저의 행복 당신밖에 없습니다."(시편16편)
"제 입의 말씀과 제 마음의 생각이 당신 마음에 들게 하소서."
(시편19편)

이러한 성경 구절들은 제가 수녀원에 입회하기 전에 항상 마음에 새기면서 기쁨과 설렘으로 기도했던 내용이었는데 입회 후 수녀원 생활을 하면서 점점 기억에서 멀어져 갔습니다.

그렇게 굳어지고 메말라 가던 제 안에서, 수녀원 입회하기 전 처음으로 예수님을 인격적으로 만났던 기쁨과 설렘의 기억들이 되살아났습니다. 치유의 감사함과 기쁨, 예전에 예수님을 만났던 기억들에 대한 설렘으로 저는 기도를 계속해 나갈 수 있었습니다.

이 여정에서는 예수님께서 당신 자신이 생명이라고 하셨기에 그 생명의 뜻을 알게 해 달라고 마음으로 기도를 하라고 했습니다.

"예수님, 참생명이 뭐예요?" 하는 물음을 반복하면서 기도했습니다. 그러자 뱃속 깊은 데서부터 "죽는 것이다." 하는 소리가 들리더니 곧 이어서 "이제 그만해." 하는 또 다른 소리가 들렸습니다. 똑같이 제 깊은 곳에서 울려 나오는 소리에 당황스러워 수녀님과의 면담 시간에 말씀드렸습니다. 그리고 제가 머리로 배우고 익힌 것과 삶에서 몸으로 겪었던 체험이 저의 내면 안에서 확고한 확신으로 자리하고 있다는 것을 알게 되었습니다.

이러한 내면의 소리를 들으면서, 제가 일상을 살아갈 때에 얼마나 자주 머리의 지성과 몸의 체험에서 울려 나오는 허상의 소리를 확신하며 생활해 왔는가를 깨닫게 되었습니다. 그리고 저의 내면의 소리를 듣지 못하고 살아가면서 상처와 아픔에 지배되어 상처받고 일그러진 모습으로 살아가게 되었음을 감지하게 되었습니다.

이런 결과로 함께 살고 있는 자매들에게 얼마나 큰 상처를 주면서 살았는가 하는 생각에까지 미치자, 그동안 서로 상처를 주고받았던 기억들이 떠올랐고 함께 살아가는 수녀님들에게 감사함과 죄송함을 새삼 느끼게 되었습니다.

또한 시편 23편의 "한평생 모든 날에 호의와 자애만이 저를 따르리니 저는 일생토록 주님의 집에 사오리다." 이 말씀이 새롭게 다가오면서 하느님의 자녀로 산다는 것이 얼마나 행복한 것인가를 알게 되었습니다.

자신을 바치도록 인도하시는 하느님 | 봉헌의 단계

    기도를 계속하면서 저 자신을 바치는 여정을 가게 되었습니다. 저에게 가장 소중한 것을 바치라고 하셨는데 처음에는 '삼일 후에 죽어야 한다.'는 것이 저의 이사악으로 생각했지만 기도하면서 마음이 편안해지는 것을 보고 다시 이사악을 찾아야 했습니다.
    그 다음 찾은 이사악은 저와 '성향도 다르고 생활습관과 대화의 방법도 다른 자매들과 함께 살아야 한다.'는 것이었습니다. '마음에 들지 않고 보고 싶지 않은 자매와 함께 살면서 내 감정, 지성, 의지를 어떻게 버릴 수 있나?' 정말 생각만 해도 끔찍했습니다. '지금까지 힘들었던 것만으로도 충분하다. 이제 다시는 그렇게 힘들게 살고 싶지 않다. 그것만은 안 된다.' 정말 앞이 깜깜하고 암담하고 가슴이 턱 막혔습니다. 겟세마니의 예수님이 피땀 흘리시며, '이 잔을 거두어 달라.'고 한 것처럼 밤을 새우며 '안 된다. 할 수 없다.' 그렇게 울고 있는 것밖에 할 수 있는 것이 없었습니다.
    그렇게 울다 지쳐 잠이 들었는데 꿈을 꾸었습니다. 사랑하는 신랑과 함께 행복하게 살면서 서로 마주 보고 대화하는 저절로 미소 짓게 하는 아름다운 꿈이었습니다.
    꿈을 통해서 하느님과 저와의 관계가 얼마나 큰 사랑의 관계인지를 깨달을 수 있었고 이 꿈의 체험은 제 마음을 하느님의 사랑으로 충만하게 하였습니다.

유혹을 물리치는 힘을 주시는 하느님 | 식별의 단계

이러한 기도를 한 다음에는 극심한 분심과 유혹을 만날 수 있었습니다. 한편에서는 끊임없는 분심과 유혹이 있었지만 또 한편으로는 깊은 고요가 함께하고 있음을 느낄 수 있었습니다.

가장 큰 분심으로 결혼한 언니와 오빠, 조카들이 떠올랐습니다. 결혼 생활의 행복감, 아름다움, 자녀들과 함께하는 기쁨, 하느님이 없어도 부족한 것이 없는 안락함과 편안함, 여유로움이 밀려오면서 이러한 생활을 그리워하고 있는 저의 마음을 알 수 있었습니다. 인간의 유한한 행복감, 기쁨, 한편으로는 하느님의 무한한 사랑과 생명에 대한 갈망이 함께 있음을 깨달았습니다.

계속되는 기도 안에서 "40일 피정한다고 사람이 뭐가 그렇게 변하나?", "소용없다, 소용없어! 40일 피정이 끝나면 다 다시 돌아간다." 하는 유혹의 소리가 들렸습니다.

이러한 소리가 들릴 때 정말 마음 깊이 공감되고 기도를 해도 저 자신이 그렇게 변하지 않을 수도 있겠다는 생각에 실망감과 무기력감이 느껴졌습니다. 그리고 이러한 실망감 안에서는 분심과 유혹을 물리치려는 의지도 약해지고, 맥이 풀리는 것 같았습니다.

며칠을 분심과 유혹으로 실망감에 시달리고 있었는데 마침내 뱃속 깊은 곳에서부터 "그건 미래의 일이고." 하며 유혹자를 물리치는 고함 소리가 들렸습니다. 내면에서부터 그렇게 힘 있게 유혹을 물리치는 소리가 들려오는 것이 신비스럽게 느껴졌습니다.

이후로는 분심과 유혹이 사라지고 마음이 고요해졌습니다. 독수리가 날개를 활짝 펴고 하늘을 자유롭게 날아가는 것 같았습니다. 눈이 열리듯 예전에 보이지 않던 것이 보이기도 하고, '밀 이삭과 가라지'가 보이기도 하고, 저의 이기심과 교만의 바벨탑도 보이고, '그리스도를 섬기는 것인지, 저를 섬기는 것인지'가 보이면서 원수가 제 안에 있음을 깨달을 수 있었습니다.

함께 거니시는 하느님 일치의 단계

'아! 자유롭다.' 영혼의 자유로움, 편안함을 느낄 수 있었습니다. 이러한 자유로움은 계속되었고 기도 안에서 문득 '내가 돌아갈 집이 있네.' 하는 깨달음의 소리가 들려왔습니다. 얼마나 감사한지요. 내가 돌아갈 집을 찾았습니다.

지금까지 생활하면서 힘들고 어렵고 방황할 때 돌아갈 집을 찾지 못했습니다. 어디로 돌아가야 할지, 제가 가야 할 곳, 제가 머물러야 할 곳을 찾지 못했습니다. 그래서 항상 부모님의 집을 생각하곤 하였습니다. 그러나 이제는 언제 어디서든지 제가 돌아가 쉴 수 있는 집이 있고, 제가 편안히 안길 수 있는 품이 있음을 깨달았습니다. 자유로움과 든든함이 밀려오면서 제 마음 안에 그렇게 크게 자리를 차지하고 있던 공허감과 허전함이 사라지는 것이었습니다.

40일의 여정으로 초대해 주신 예수님의 손길에 감사를 드리며 이러한 여정을 함께 동반해 주신 권민자 수녀님께 감사의 마음을 전합니다. 또한 40일의 여정을 함께한 수녀님들, 학사님께도 감사의 마음을 전합니다.

| 최승경 로살리아 수녀, '성심수녀회'
제47차 예수마음기도 40일 영성수련

내가 너를 뽑아 세웠다

40일 여정에로 부르시는 하느님 | 부르심의 단계

교구의 사정으로 '예수마음기도 8박 9일 피정'을 하고 40일 영성수련을 하겠다고 신청을 한 지도 6년이 지났습니다. 올해는 허락을 받아 40일 영성수련에 참여하게 되었습니다.

그런데 올해 초 독감으로 병원 신세를 졌고, 두 달 전 장염으로 병원에 입원해야 했습니다. 40일 영성수련에 참여하기 위해 떠나기 전날 밤에도 장염으로 응급실을 찾아야만 했습니다.

이렇게 몸과 마음이 지쳐 있는 상태에서 피정을 하게 되었는데, 이는 아마도 하느님의 크신 섭리가 아닌가 하는 생각이 듭니다. 이제 저의 힘이 다 빠져 있는 상태에서 오로지 당신 목소리에 귀 기울일 수 있도록 불러주신 것 같았기 때문입니다.

치유하시는 하느님 | 정화의 단계

정화의 단계에서 본 상처는 그다지 많지 않았습니다. '하느님, 저는 억울합니다.' 하며 한두 번 기도하면 그 모든 것들이 사라져 버렸습니다. 오히려 이 시기에 제가 직면해야 했던 분심은 '내가

하느님처럼' 되고 싶다는 것입니다.

저의 가장 큰 분심은 미래에 대한 것과 제가 다른 사람들을 조정하고 통제하고픈 생각이었습니다. 이 생각들은 또한 '틀' 이라는 독재자로 나타났습니다. 제 틀을 제일 처음 보게 된 것은 루카복음서 4장에서 악마가 예수님께 "당신이 내 앞에 경배하면….." 하는 성경 구절이었습니다. 그리고 "하느님만을 섬겨라."라는 예수님의 말씀이었습니다.

이 말씀이 마음에 와 닿지 않자 성경을 탓하며 개개인의 성경을 가져오지 말라고 한 피정 안내자에게 불만을 품고 있었던 것이었습니다. 제가 쓰던 성경과 '피정의 집'에서 쓰는 성경이 번역이 달라 내용도 다르게 느껴지면서 제 방식대로 하느님을 체험하고자 했던 이기적인 마음을 느낄 수가 있었습니다.

자녀가 되도록 이끄시는 하느님 | 조명의 단계

이 '틀' 은 끝까지 저를 괴롭혔습니다. 면담은 주로 하루에 한 번, 30분간 하는데 18일째 되는 날은 두 번이나 해야 했습니다. 과외 면담을 하면서 조금씩 더 깊게 저 자신을 보게 되었습니다.

하루에 8차례 '예수마음기도' 50분을 하고 10분 동안 성경을 읽습니다. 이날 읽은 성경에 나오는 착한 사마리아 사람에 대해 들으면서 그 사제, 레위인들이 바로 저 자신임을 보게 되었습니다.

하느님을 만나기 위해서는 이런 기도를 하고 시간표는 이렇게 하고, 이건 하고 저건 하지 말고 하는 그 모든 틀이 저를 사람들에게 다가가지 못하게 했음을 알게 되었습니다. 또 사람들이 이를 방해할 때 화를 냈습니다. 제 안에 완벽주의자의 독재자가 있는데 높은 이상을 추구하는 틀이 하나 있고, 인색함 즉, 타인에게 시간을 내주지 않고 자신의 틀을 내어놓지 않는 틀이 또 하나 있음을 보게 되었습니다.

자신을 바치도록 인도하시는 하느님 | 봉헌의 단계

이 시기에는 자신의 가장 귀한 것(이사악)을 찾아서 하느님께 봉헌하라는 여정이었습니다. 죽음도, 부모님도, 음악, 친구, 자동차 등 아무 어려움 없이 다 바칠 수 있을 것 같았습니다. 사제직도 주님이 원하신다면….

그러면서 저의 이사악은 '하느님'이라는 생각이 들었습니다.

만약에 하느님이 계시지 않다면 제 인생의 모든 의미가 사라진다는 뜻이었습니다. 사제로서 미사를 드리고, 기도하는 것뿐 아니라, 신학도로서 산 21년의 삶, 아니 어려서부터 기도했던 모든 삶의 의미까지 사라짐을 보면서 '하느님, 당신이 없으면 안 됩니다.' 하는 기도를 하게 되었습니다.

저의 이사악은 제가 만든 하느님임을 고백하게 되었습니다. 이런 이사악을 보면서 "이제 정말 그 하느님을 떠나보내고, 매일 매 순간 내 생각, 내 계획, 모든 것을 내려놓고 예수님의 십자가를, 또 자기 자신까지도 버려야 된다는 말씀처럼 모든 것을 버릴 수 있느냐?"는 질문을 받았습니다.

이 말씀을 듣고 제가 원하던 삶의 모습이라고 신이 나서 권 수녀님께 말씀드리니 "머리가 아닌 가슴으로 기도해 보십시오. 지금의 모습은 유혹에 빠진 모습입니다."라고 하셨습니다.

그래서 다시 앉아 기도를 시작하는데 저 밑에서 "저 그렇게 어렵게 못살겠어요!" 하는 소리가 들려왔습니다. 이 소리를 몇 번 입으로 반복해 보니 "저 힘들어 못살겠어요, 힘든 게 싫어요. 저 정말 편하게 살고 싶어요!" 하는 소리가 나오면서 울음이 북받쳐 올라왔습니다.

온몸으로 온 힘을 다해 "아버지, 저 이렇게 어렵게 못 살아요.

힘들게 살고 싶지 않아요. 저 편하게 살고 싶어요." 하면서 다음과 같은 기도를 했습니다. "아버지, 저도 친구들처럼 고스톱 치면서 편하게 살고 싶어요. 저도 친구들처럼 인기도 많았으면 좋겠어요. 저도 그들처럼 웃고 떠들고 술 마시면서 살고 싶어요. 그런데 저는 이게 뭐예요. 저 지금 힘들어요. 힘들어 죽을 지경이에요. 저 죽을 뻔한 것 아시잖아요. 아버지, 저 이 죽음인 십자가의 길 못 가겠어요. 아니 가기 싫어요." 하면서 울었습니다.

그리고 이 기도를 계속 바치면서 이런 생각이 들었습니다. 이제 '지금은 어떻게 살 것인가가 문제가 아니라, 죽느냐, 사느냐가 문제다. 내가 예수님의 십자가의 길인 죽음 앞에서 죽을 것인가, 살 것인가가 문제다.' 라는 기도를 하게 되었습니다. 그러면서 '나는 원래 포장을 잘하니, 이 문제만큼은 포장 없이 그저 죽을 것인가, 살 것인가로 담판을 지어야겠다.' 는 마음으로 기도했습니다.

어린 시절 죽음 앞에서 아래를 내려다보니 시커멓고, 두려움에 떨며 머리를 들어 살려 달라고 외치던 모습이 떠오르면서 '살고 싶어요.' 라는 기도가 계속 나왔습니다. 40세의 죽음에 관한 기도에서 본 죽는 모습조차 가면인 것처럼 보이고 산송장이 벌떡 일어나 '저, 살고 싶어요.' 하고 외치는 것이었습니다.

"하느님, 저 살고 싶어요."

저는 처음으로 알았습니다. 제가 살고 싶어 한다는 것을. 그리고 여기에서 모든 미래의 분심들이 올라온다는 것을.

유혹을 물리치는 힘을 주시는 하느님 | 식별의 단계

울면서 "하느님, 저 살고 싶어요." 하고 충분히 기도한 후 첫 번째 하느님의 위로가 왔습니다. 그렇게 며칠을 지냈는데, 그 다음 유혹들이 몰려오기 시작했습니다. 29일째 하느님의 위로를 받은 후, 기도를 시작했습니다.

저 자신을 송두리째 하느님께 바치는 기도를 하는 중이었는데 위로가(가슴이 뜨거워짐) 올라왔습니다. 신이 나기 시작했습니다. 그러고 나서 주님의 기도를 바치는데 기도문의 의미가 새롭게 다가오기 시작했습니다. 그러면서 주님의 기도를 다음과 같이 바꾸어 보았습니다.

"저를 만드시고 돌보시는 하느님,
하느님은 저와 세상 사람들의 주님입니다.
야훼 하느님,

창조주를 받들게 하시며, 저의 마음에 오소서.
제가 비록 살고 싶어 죽음인 십자가의 길을 못 가겠다 하오나
제 뜻대로 마시고 당신 뜻대로 하소서.
오늘 하루 살아갈 양식, 말씀과 힘을 주시고
당신이 우리 죄를 용서했듯이
저 또한 형제들의 죄를 용서하게 하소서.
저를 유혹에 빠지지 말게 하시고,
악에서 구하소서."

  그리고 기도에 들어갔는데, 갑자기 광신도들이 나타나 팔딱팔딱 뛰며 '하느님을 만나니 나는 행복합니다' 라는 노래를 부르면서 춤추는 것이었습니다. 그것이 제 몸으로 조금씩 표현되려고 하기에 이를 누르고 있었는데, 이상하다는 생각이 들었습니다. 그리고 얼마 후 불안한 마음도 생기기 시작했습니다. 그래 '이것이 유혹자에게서 온 것이면 가고, 하느님에게서 온 것이면 그대로 있어라.' 하였습니다. 그랬더니 몸이 가라앉고 마음도 가라앉았습니다.
  그리고 다음 기도에 들어갔는데 기도하기가 싫고, 기도 시간이 그렇게 지루할 수가 없었습니다. 무언가 잘못되었구나 싶어 되짚어 보니, '유혹자가 나를 유혹하고 있었구나.' 라는 것을 알게 되

었습니다. 무언가 큰 빛이나 깨달음, 혜안 또는 몸의 변화가 있어야 하는데, 지금 가슴만 뜨거워졌을 뿐, 아무런 표징도 없고, '이를 가지고 평생을 살라는 말인가?' 하며 이리저리 비교하고, 재고 있는 모습이 보였습니다. 이를 권 수녀님께 말씀드리니 웃으면서 대답하셨습니다.

"예수님도 유혹을 받으셨는데 신부님도 유혹을 받으셔야죠."

매 기도 때마다 분심이 많이 올라왔는데, 분심을 물리쳐도, 물리쳐도 그치질 않고 점점 더 심해지더니 시커먼 벌레들이 스멀스멀 기어와 제 몸에 붙기 시작했습니다. 그러더니 이놈들이 멧돼지처럼 아주 큰 놈으로 변해 나를 쳐다보는데 흠칫 놀라 뒷걸음질 치기도 했습니다. 횃불을 만들어 코를 지져 쫓아낸 사건을 수녀님께 이야기했더니 또 생각으로 기도한다고 하시며, 이제부터는 방 안에서 나오지 말고, 시간도 보지 말고, '예수님, 진리가 뭐예요?' 하는 기도만 하고 모든 분심과 생각을 물리치라고 하셨습니다. 그만 됐다거나 기도를 잘한다거나 슬프다거나 하는 모든 생각이나 분심이 다가와도 물리치라는 특별 과제를 주셨습니다.

그래서 수녀님 말씀대로 홀로 방안에서 기도를 드리고 있는데 그때 갑자기 '유혹자가 나구나! 하느님처럼 되고 싶어 하는 내가, 하느님처럼 되어 눈이 맑아지고 그래서 모든 것을 알고, 남들을 조정하고 싶어 하는 유혹자구나!' 하는 생각이 밀려오면서 입이 떡 벌어졌습니다.

제 모습을 들여다보니 지구의 절반을 뒤덮고 있는 시커먼 늑대가 바로 저의 모습이요, 유혹자의 모습이었습니다. 그 앞에서 할 수 있는 일은 없었습니다. 그러면서 지구의 절반이지만 하느님에 비하면 한 점에 지나지 않으니 언젠가 물리치리라 했습니다.

그 후에 절 기도(평소에 절을 하듯이 하는 기도로 겸손한 자세로 몸으로 하느님을 흠숭하는 기도 자세라고 할 수 있다)를 하는데 '내일도 오늘처럼 안 되겠구나.' 하는 마음이 들면서 철렁 가슴이 내려앉았습니다.

'이 기도가 나한테 맞지 않는가 보다.' 라는 생각에서 시작해서 저의 살고 싶은 욕망, 철저한 이기주의 모습이 보이며 '이제 어떻게 살아야 하나?' 하는 생각을 하니 절망스럽기 그지없고, 실망스러워 뛰쳐나가고 싶을 정도였습니다.

이것이 너무 심해 어찌할 바를 몰랐습니다. 이것도 유혹이다 싶어 '그래 나 자신을 보면 볼수록 실망밖에 더 하겠나.' 생각하며 "하느님이 보고 싶어졌습니다." 하고 고개를 들어 하느님 찾기를 다시 시작했습니다. 그러면서 진리는 '하느님을 찾는 것' 이라는 생각이 들었고, 새로 기도를 시작했습니다.

그러다가 "예수님" 하고 부르는 중에, 그 말씀이 움직이더니

"그래, 나다. 그렇게 찾던 나다. 내가 너와 함께 있는데 무엇이 두려우냐!" 하시면서 부제품을 받기 전에 나를 찾아주셨던 그 예수님이 제게 말씀을 건네시는 것이었습니다.

그 순간 눈물이 쏟아졌습니다. 참으로 감사했습니다. 울면서 "예수님, 권 수녀님이 모든 것 다 보내래요. 그러니 당신도 가세요!" 하면서 그분을 떠나보내고 면담 시간에 이를 자랑했습니다.

그랬더니 수녀님은 입을 딱 벌리시며 "아니, 신부님. 어린아이처럼 기도해야지, 하느님까지 통제하면 됩니까? 그 거룩한 독재자 좀 버리세요!" 하시는데 난감했습니다.

저는 열심히 하라는 대로 기도했는데 생각할수록 억울했습니다. 수녀님은 다시 기도하는 방법에만 매달리지 말고 하느님 아버지와 직접 대화하는 어린아이처럼 기도하라고 말씀하셨습니다.

그래서 다시 기도 방에서 기도를 시작하는데 온갖 생각들이 물밀듯이 쳐들어와 어떻게 할 수가 없었습니다. 아무리 가라고 소리쳐도 안 되고, 그럴수록 더 밀려왔습니다.

그러더니 나를 중심점으로 한 지구의 반구에 지평선에서부터 시작해 돔의 꼭대기까지 지폐 모양의 '생각' 이라고 적힌 블록들이 끝없이 밀려 올라가는 것이 보였습니다. 저를 둘러싼 모든 것이 '생각' 이라는 단어로 뒤덮이는 것을 보면서 더 이상 어찌할 수 없음을 깨닫게 되었고, 그냥 털썩 주저앉아 '에라 모르겠다. 생각들아 올라오려면 와라. 난 모르겠다. 그냥 예수님께 진리가 무엇인지 묻는 기도나 하련다.' 하고는 기도를 하기 시작했는데, 신기하게도 그 순간 그 생각들이 확 사라져 버렸습니다.

그렇게 가라고 소리치며 싸우던 놈들이었는데, 그놈들을 무시하고 예수님께 달려가니 생각마저 놓게 되었습니다.

앞의 기도에서 살고 싶고, 자기를 확장하고 싶고, 존재를 드러내고 싶고, 다른 사람을 조정하고픈 마음이 미래 분심 형태로 나왔는데 정말로 죽음을 받아들이게 되니 분심이 사라졌습니다.

생각과 미래의 분심이 위의 기도로 큰 맥이 끊긴 것을 내 안에서 볼 수 있었고 이를 물리칠 방법을 알았기에 기도 중에 가벼운 마음으로 물리칠 건 물리치고, 다시 기도에 마음을 모았습니다.

함께 거니시는 하느님 | 일치의 단계

'분심아, 올 테면 와라! 내 가볍게 물리쳐 주마.' 하며 열심히 "예수님, 진리가 뭐예요?" 하고 물으니 "나다, 두려워하지 마라." 하는 소리가 들리면서 "네가 울부짖으며 나를 찾을 때마다 만나

주던 나다. 내가 너를 위하여 있다."하시는 것이었습니다. 그래서 "그때 제가 만난 하느님은 가짜고, 지금 만나는 하느님만 진짜 아닙니까?" 하자, "그때 네가 부르짖을 때마다 만나 준 내가 바로 오늘 네가 만나는 나다." 하시는 것이었습니다.

'이제 모든 순간에, 그분을 만나게 되었구나!' 하는 생각이 들면서 "감사합니다."라는 말이 터져 나왔습니다. 온몸으로 울면서 "하느님, 감사합니다. 당신은 한 분이셨군요. 부르짖을 때마다 만나 주셔서 감사했고, 이제 임마누엘 하느님으로서 함께해 주시니 더 감사합니다!" 하면서 한참 동안을 흐느꼈습니다.

그러다 감정이 잦아들면서 그날 새벽꿈에 본 황금 제의를 입고 있는 제 모습이 떠오르며 "저 같은 죄인에게 어떻게 황금 제의를 입혀 주시나요? 그토록 이기적이고, 철저히 나를 섬기는 죄인인데 이런 저에게 어떻게 사제직을 주셨습니까?" 하니 "내가 너를 뽑아 세웠다."라는 말씀이 들렸습니다.

이 말씀을 듣는 순간 '내가 죄인이든 아니든, 그것과 상관없이 하느님께서 나를 뽑아 세우셨구나.' 하는 사실이 눈에 들어오면서 또 "감사합니다."라는 말이 터져 나왔습니다. '하느님께서 존귀한 사제직에 불러 주셨기에 그들을 하느님처럼 존중하고, 귀하게 여겨야겠구나.' 싶어지면서 그런 사제를 지망하는 이들을 양성하고 있음에 또 감사드리지 않을 수 없었습니다.

저에게 제일 소중한 하느님과 사제직에 대해 새롭게 볼 수 있는 은총과 더불어 저 자신의 진면목을 보게 된 것이 이번 40일 영성수련 여정에 있어 제일 중요한 은총이라는 생각이 듭니다. 하느님을 섬긴다고 하면서 하느님의 일을 통해 철저히 자신을 섬기는 모습을 보았습니다. 제 삶이, 제 일이 성령에 의하여 이루어지도록 하는 것이 중요한데, 이를 위해 항상 하느님 안에 머물러 있는 끊임없는 기도에 압도된 삶을 살 수 있는 은총이 필요하다고 봅니다. 뿐만 아니라 그 은총이 내 안에서 이루어질 수 있도록 끊임없이 기도하는 삶으로의 초대에 기꺼이 응답해야겠습니다.

끝으로 놀라우신 섭리로 이끌어 주시는 하느님께 감사드리고, 40일을 기꺼이 허락해 주신 주교님과 동료 신부님들, 끝까지 포기하지 않으시고 동반해 주신 권민자 수녀님, 함께 기도한 모든 분들께 감사의 인사를 드립니다.

그리고 저를 참고 기다려 준 모든 분들께도 이 자리를 빌려 감사의 말씀을 드립니다.

| 서철 바오로 신부, '청주교구'
제46차 예수마음기도 40일 영성수련

제4부

| **영성수련 후의 하느님 체험** |

하느님을 만나는 전인적인 기도의 삶

은혜롭게도 '예수마음기도 40일 영성수련' 피정을 두 번이나 체험했습니다. 이 여정을 통해 제 삶은 혁신적인 변화를 경험할 수 있었습니다. 저 자신이 하느님의 사랑을 받는 유일무이한 존재임을 새로운 방식을 통해 알 수 있게 되었기 때문입니다. '나는 하느님의 사랑받는 딸'이라는 체험은 저 자신이 영적인 존재요, 부모와 가족, 환경적인 조건이나 그 무엇으로도 대신할 수 없었던 자존감의 회복이었습니다.

자존감의 회복으로 하느님으로부터 주어지는 고요하고 당당한 마음은 전인격적으로 변화를 가져왔습니다. 그것은 생활 안에서 자신의 감정을 억압하지 않으며 순간순간 일어나는 일들에 대해 하느님과 함께 식별할 수 있게 됩니다. 일상 안에서 견디는 힘, 필요한 것은 당당하게 표현하는 방법, 내적 침묵, 하느님께서 반드시 해 주실 거라는 조바심 없는 믿음 안에서 누리는 여유, 모든 피조물과 거리를 둘 수 있는 지혜를 주십니다. 무엇보다 자신에 대해 많은 부분을 바르게 인식할 수 있게 되었고, 깊이 이해할 수 있는 여정이었습니다.

저는 현재에 살기보다는 과거의 슬픔에 빠져 있거나, 지나친 갈망에 사로 잡혀서 이루어질 수 없는 것들에 기대를 두곤 했습니다. 또한 선물로 주어진 통찰력을 겸손하게 나누지 못하고 자만하게 행동하는 경우가 많았습니다. 그러나 기도의 여정을 통해 현재에 깨어 사는 법을 배울 수 있었습니다. 현재의 삶에 머물 수 있도록 일체의 부정적인 감정을 '너는 그리스도가 아니야.' 라는 예수마음기도로 물리치고 현실 감각을 키우며 이런 기도를 반복할 때 하느님의 현존 안에 깊이 머물 수 있습니다.

일상 안에서 지속적인 기도와 수련을 통해 현재에 마음을 두고 살아갈 때 모든 이에게 모든 것이 될 수 있음을 체험합니다. 단 한 사람이 얼마나 소중한지를 절실히 깨달으며 기도뿐 아니라 만나는 모든 이에게 정성을 다할 수 있게 됩니다. '한 사람이 영적으로 성장하면 전 세계가 성장한다.' 는 생각으로 저를 필요로 하는 곳과 주어지는 일들을 기꺼이 행할 때 마음은 기쁘고 피곤함도 잊게 됩니다. 이것은 의지적인 노력이 아니라 기도를 통해 저절로 그렇게 되는 것입니다.

저는 현재 본당 사도직을 수행하면서 예수마음기도를 통해 체험한 내용을 신자들과 나누고 있습니다. 레지오 훈화로 1년 동안 예수마음기도와 영성 생활에 대한 내용을 나누고, 마음으로 기도하는 법을 안내했습니다. 그 결과 평일 미사, 성체 조배, 전례를 새롭게 이해하고, 그 안에서 하느님의 현존을 더 깊이 체험하는 모습을 볼 수 있었습니다.

신앙생활을 처음 시작하는 예비신자들에게는 교리 시간에 꾸준히 자신의 마음을 헤아리고 느끼면서 표현하는 솔직한 기도를 강조하고 안내합니다. 기도가 결코 부담스럽고 의무적인 것이 아니라 하느님께 자신을 있는 그대로 말씀드리는 것임을 체험하게 합니다. 스스로 기도할 줄 알면 세례를 받은 후 신앙생활에도 튼실하게 뿌리를 내릴 수 있는 준비가 됩니다.

　대부분의 신자들은 기도하고 싶지만 많은 시간과 비용을 지불하고 피정을 하기가 쉽지 않은 것이 현실입니다. 본당 실정에 맞추어 영적인 갈망을 호소하는 단체와 주일학교 자모회 어머니들과 '예수마음기도 생활 피정'을 실시했습니다. 6개월 동안 예수마음기도에 대한 강의, 나눔, 개인 면담을 해 드리고, 함께 모여 직접 기도하는 여정을 보냈습니다.

　가장 큰 반향은 기도를 하고 싶지만 어떻게 하는지 잘 몰랐는데 구체적인 방법을 배워 일상에서 실천할 수 있어서 좋다는 것이었습니다. 자신의 마음 안에 돌봐 주지 않고 억압해 두었던 아픔을 치유받으며, 영적인 삶을 통해 활력과 기쁨을 얻게 되었다는 것입니다. 가정에 기도하는 어머니가 있을 때 가족들이 더 역동적인 활력을 얻게 되고 특히 자녀들의 신앙교육에도 좋은 영향을 미치게 됨을 볼 수 있습니다.

어린아이들은 미래의 꿈이요, 교회적으로 보더라도 기초적인 신앙 교육이 중요한 시기입니다. 예수님을 처음으로 모시는 첫영성체를 준비할 때 교리 시간을 통해 구체적으로 자신의 마음을 예수님께 말씀드리고 호소할 수 있는 방법을 안내해 줍니다. 교리실에 오기 전에 성체 조배실에 먼저 들러서 절 기도를 3번 하고 하루 동안 학교, 가정, 친구들 사이에서 생긴 일들 중에 마음을 아프게 하거나 어렵게 생각되는 것들을 예수님께 말씀드리는 것입니다. 화살기도를 하나 정해서 바치는 방법도 알려 주면 곧잘 따라합니다.

일주일 정도 지나면 순수하고 단순한 어린아이답게 스스로가 성체 조배를 하게 됩니다. 가족들도 어린아이들의 변화하는 모습에 영향을 받게 되어 그동안 쉬고 있던 가정의 기도를 시작하게 됩니다. 어린 시절부터 자신의 마음과 상황을 있는 그대로 하느님께 말씀드리는 훈련은 그때그때 아픔이나 상처가 기도를 통해 치유가 되므로 삶이 훨씬 더 밝고 건강할 수 있으리라 기대됩니다.

예수마음기도를 통해 하느님의 사랑을 체험하게 되면 내가 받아 누린 축복이 얼마나 큰지 알기에 더 많은 사람들과 나누고 싶어집니다. 하느님께 온전히 의탁하고 하느님과 함께 살게 되면 하느님의 은총을 나누기 때문에 자연스럽게 '모든 이에게 모든 것'

이 됩니다. 자신만을 위하던 이기적인 모습이 사라지고 이웃에게 봉사하는 삶을 살아가게 됩니다.

그러나 하느님의 영 안에서 사는 체험을 하면서도 자신의 나약함에 걸려 자주 넘어질 수 있습니다. 그럴 때마다 자신을 자책하기보다는 하느님의 크신 사랑 안에 머물면서 날마다 나 자신을 내려놓는 여정이 되도록 기도의 수련을 지속합니다. 우리가 하느님을 닮아간다는 것은 나 자신이 없어지고 나를 내어 드리는 가운데 계속 하느님의 눈으로 삶의 조명을 받는 '수련'의 삶을 살아야 한다는 것임을 잘 알기 때문입니다.

오늘도 제 삶의 초점을 하느님께로 맞춥니다. 온 마음과, 온 정성과, 온 힘을 다하여 지금 제가 서 있는 이 자리에서 전인격적으로 하느님과 만나는 여정을 걸어갑니다.

"지극히 거룩하신 예수마음이여, 당신의 흠숭하심에 저를 온전히 합하나이다."

"저는 하느님의 사랑받는 딸, 가장 행복한 수녀입니다."라는 고백과 함께….

| 김귀말 사베리아 수녀, '거룩한 말씀의 수녀회'
제36, 46차 예수마음기도 40일 영성수련

참생명이신 주님

피정 첫날부터 편안한 마음이 밀려왔습니다. 한편으로는 슬픔이 밀려왔는데 이런 저에게 영적 동반을 해 주시는 권 수녀님이 슬픔이 밀려오면 가차 없이 둘리치라고 하였습니다. 사실 저는 거의 슬픔에 젖어서 살아왔습니다. 과거의 아픔에 대해 곱씹곤 했던 저였습니다. 며칠이 지나자 제 몸에 무엇인가 붙어 있는 느낌이 들었습니다. 40일 피정 때는 검은 물체로 마치 꼭 찰거머리 같은 것이 내 몸에 붙어서 괴롭게 하더니, 이번 피정 때는 보이지는 않았지만 느낌은 남아 있었습니다. 걷는 기도(마음을 온통 기도에 몰두하면서 걸으면서 하는 기도)를 하기 위해 산에 올라가서 양손으로 온몸에 붙어 있는 그 느낌들을 사정없이 쓸어 내버렸더니 사라져 버렸습니다. 그리고 다음날 아침 미사 때 저에게 이상한 현상이 일어났습니다.

저는 청각 장애가 심합니다. 오른쪽 귀는 거의 듣지 못하고, 왼쪽 귀도 절반 정도 밖에 듣지 못하기에 늘 어려움을 겪고 있었습니다. 그런데 미사 때에 거의 듣지 못하던 오른쪽 귀로 독서와 화답송이 너무도 맑고 투명하게 들려오는 것이 아닙니까!

마치 닫혀 있던 제 영혼의 문이 활짝 열리면서 모든 말씀들이 너무도 맑고 생생하게 살아서 물밀듯이 내 안으로 들어오는 것이었습니다. 미사 내내 이 맑고 투명함 속에 미사 전례에 깊이 몰두할 수 있었습니다.

"아! 미사가 이렇게 감미로운 것이었구나!"라는 탄성이 저절로 나왔고, 미사 전례 안에 현존하시는 예수님을 체험하는 시간이었습니다. 그동안 미사 전례에 그저 참관자로밖에 머물지 못했던 저에게 이런 은총이 주어지다니 너무도 감사했습니다. 이로써 머리로만 알고 있던 미사의 의미를 영혼으로 체험할 수 있었던 시간이었습니다. 주님께 감사드립니다.

기도에 전념하면서 이 피정 동안 조금 놀란 것이 있다면 저는 매사에 주위 환경과 사람들을 관찰하는 성격을 지녔는데 이번 피정만큼은 주위 환경과 함께 피정하는 수녀님들에 대해 전혀 관심이 없었습니다. 이 역시 하느님께서 제게 주신 선물이었음을 깨달았습니다. 마지막 하루를 남겨 두고 더 깊이 마음으로 기도하게 되면서 마음을 다해, 정성을 다해, 힘을 다해 기도하라는 주님의 말씀을 이 피정 동안 깊이 체험하게 되었습니다. 오후 성체 흠숭 시간에 성체께 온 마음을 모아 몰두하는 순간 성체 안에 현존하시는 하느님을 뵈었습니다. 이 체험을 저의 짧은 글 실력으로 어떻게 표현할 수 있을까요?

"성체 안에 현존하시는 하느님을 보는 순간 제 마음은 하느님께 대한 깊은 경외심으로 가득 차게 되었고, 이 깊은 경외심은 곧 두려움으로 다가왔습니다. 이 두려움은 무서움이나 공포에 의한 것이 아니라 성체 안에 현존하시는 하느님을 뵙고 느끼는 깊은 경외심에서 오는, 즉 하느님의 그 엄청난 엄위嚴威하심을 깊이 느끼는 순간 감히 제가 하느님을 볼 수 있는 것에서 오는 두려움이었습니다. 그 두려움 속에서 이사야서의 말씀이 떠올랐습니다.

"큰일났구나. 나는 이제 망했다. 나는 입술이 더러운 사람이다. 입술이 더러운 백성 가운데 살면서 임금이신 만군의 주님을 내 눈으로 뵙다니!"(이사6,5) 정말 이사야서의 말 그대로였습니다. 저는 평소에 성경을 읽을 때나 하느님을 뵙거나 심지어는 천사를 보고도 두려움을 느끼는 것에 대해 조금 의문을 가졌습니다. '하느님을 뵈면 기쁘고 즐거워야 하는데 왜 두려움을 느끼는 것일까?' 하고 의문을 품곤 했습니다. 막상 제가 이런 은총의 체험을 하게 되면서 '하느님을 본 사람들이 두려움을 느낄 수밖에 없었겠구나.'라고 느꼈습니다.

"성체 안에 현존하시는 하느님의 그 엄청난 엄위하심이란!"

정말 인간의 언어로는 도저히 표현할 수 없는 너무도 엄청난 그 무엇이었습니다. 하느님의 그 엄위하심이란 인간이 상상할 수 없는 것이었습니다.

이 은총을 저의 마음 깊숙이 간직하고 다시 기도에 몰두하였습니다. 그날 저녁 기도 중에 영혼이 투명해지는 것을 느꼈습니다. 제 영혼을 둘러싸고 있던 어둠이라고 해야 할까? 여하튼 무엇인가 막 같은 것이 벗겨지는 듯한 느낌이 들면서 마치 영혼과 마음이 깊이 통합되는 것같이 여겨졌고, 온몸과 마음이 솜털같이 가벼워짐을 느꼈습니다. 하느님과 일치감을 느끼면서 맑고 투명해지는 듯한 이 체험을 통해 모든 것이 새롭게 다가옴을 느꼈습니다. 무엇보다도 하느님께서 제 마음을 참으로 겸허하게 해 주셨음을 알게 되었습니다.

권 수녀님은 강의 때나 면담 때 자주 이런 말씀을 언급하셨습니다. 겸손과 사랑은 우리의 노력으로 얻어지는 것이 아니라 하느님을 만나면 저절로 이러한 마음이 생긴다는 것이었는데 정말 권 수녀님의 말씀대로 임을 몸으로 직접 체험하게 되었습니다.

그리고 이 피정 기간 동안 가장 감사하게 느끼는 것은 마음을 다해 정성을 다해 힘을 다해 하느님께 기도할 수 있다는 것과 너무도 이기적이었던 제 마음 안에 하느님의 사랑이 자리하고 있다는 것입니다. 하느님의 자녀로서 자존감을 회복하게 되었고 전례에 깊이 몰두할 수 있는 것 역시 소중한 은총이었습니다. 관상의 삶으로 부름을 받고도 지금까지 제대로 살지 못했던 제게 이 '8박 9일 피정'은 저의 수도 여정의 한 획을 그은 듯합니다.

저의 노력에 의해서가 아니라 하느님께서 제 안에 현존하심으로 인해 변화된 새로운 삶이 제게 주어졌습니다.

| 조용녀 마리아 수녀, 익산 '성글라라수도원'
제41차 예수마음기도 40일 영성수련

예수 마음의 사랑이여

작사·곡 | 민동규 다니엘 신부, '인천교구'
제46차 예수마음기도 40일 영성수련

예수마음기도 영성수련 피정자들과 함께하신 김수환 추기경님

◀ 제46차 예수마음기도 40일 영성수련 피정자들과 함께

　많은 분들이 알고 계시듯 김수환 추기경님은 한 사람 한 사람의 삶의 여정에 깊은 관심을 쏟으시면서 하느님의 사랑으로 관계를 맺으셨습니다. 여러 차례 예수마음기도 40일 영성수련을 마친 분들과 함께하셨던 추기경님은 피정자들의 40일간의 여정을 귀담아들으시면서 진심으로 기뻐하시고 축복해 주셨습니다. 항상 재치 있게 말씀하시는 추기경님은 피정자들에게 "하느님을 만났는가?" 라고 물으시고는 "나는 아직 하느님을 못 만났는데…." 하시면서 하느님께서는 40일간 놀라운 일을 하셨다고 말씀하셨습니다.

　제가 예수마음기도 40일 영성수련에 대한 책을 집필하기 위해 제주도에 머물고 있을 때 추기경님께 그 소식을 전해드렸습니다. 여기서 소개하는 추기경님의 편지는 그 소식에 대한 답장입니다.

친필로 써 주신 편지의 내용은 영성수련에서 가장 중요하게 여기는 여정에 대한 글이었습니다. 자신을 온전히 바치는 여정, 그리스도께서 왕이 되시기 위해 온전히 다 비우시고 무無가 되셨다는 내용입니다.

이런 귀한 글을 많은 분들과 함께 나누고 싶습니다. 추기경님의 편지를 읽으면서 우리에 대한 예수 그리스도의 극진한 사랑을 다시 한 번 느끼는 시간이 되기를 바랍니다.

▲ 권민자 수녀님에게 보내는 김수환 추기경님의 친필 편지

친애하는 수녀님

얼마 전에 제주에서 보내 주신 소식 감사히 받았습니다. 그렇게 환경도 좋고 시설도 좋은 곳에서 예수님 마음을 깊이 묵상하시며 책을 출간하시는 일을 하신다니, 그 열심한 기도의 삶에 감사합니다. 앞에 넓고 넓은 바다가 확 트여 있다니 하느님 사랑의 품, 넓고 넓은 그 품이 상상됩니다. 하느님은 바다, 하늘, 해와 달… 이런 것을 지으실 때 시인詩人이셨던 같아요. 어느 인간도, 어느 시인詩人도 예술가도 따라갈 수 없는… 공감共感조차도 못하는 그런 높고 높은 차원의 예술가, 시인詩人….

오늘은 그리스도 왕 대축일입니다.

"네가 무슨 왕이냐? 왕이면 그 자신自身이나 구해 봐. 그럼 우리도 믿을게."

주님은 이렇게 경멸받으실 때 당신의 모든 것 빼앗기고 죄인罪人보다도 더 아무것도 아닌, 명실공히 무無가 되셨을 때 이를 통해 왕이 되셨습니다. 무無를 통해서 우리를 죄와 죽음에서 구하시는 구세주, 모든 것 위에 사랑으로 구하시고 다스리는 왕이 되셨습니다.

예수님이 그렇게 무無가 되심으로 우리를 죄와 죽음에서 구하셨습니다. 우도右盜가 대단히 뜻 깊게 거기 서 있습니다. 그의 모습, 그의 청을 들어주시며 "오늘 너는 나와 같이 낙원에 있을 것이다." 하신 이 말씀이 구원이요, 희망입니다.
복되다. 우도여. 모든 죄인들을 대신하여 주님 친히 그대를 성인품에 올리셨다. 온 세상 모든 죄인들에게 외치고 외쳐야 할 그 구원의 말씀… 용서와 낙원!

수녀님 아무쪼록 건강하세요.
나는 늘 그 변비와 싸우다시피 하며 하루하루 보내고 있습니다.
그리고 제가 정말 주님을 뵈올 수 있게 기도해 주십시오.
안녕히….

2007. 11. 25
그리스도 왕 대축일

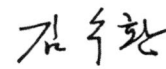

닫는 글

"이제 우리는 하느님의 자녀입니다."(1요한3,2)

"사랑하는 여러분, 이제 우리는 하느님의 자녀입니다. 우리가 어떻게 될지는 아직 드러나지 않았지만, 그분께서 나타나시면 우리도 그분처럼 되리라는 것은 알고 있습니다. 그분을 있는 그대로 뵙게 될 것이기 때문입니다. 그분께 이러한 희망을 두는 사람은 모두, 그리스도께서 순결하신 것처럼 자신도 순결하게 합니다."(1요한3,2-3)

예수 그리스도께서는 광야에서 40일 단식기도를 하시고 공생활 안에서 하느님의 뜻을 이루시려고 온 힘을 기울이셨습니다. 예수님의 공생활에서 가장 두드러지게 보이는 모습 중의 하나는 기도였습니다. 제자들을 부르실 때 밤을 새우시며 기도하셨고, 치유를 해 주실 때에도 기도로 하셨습니다. 때때로 한적한 곳으로 가셔서 기도하셨고, 또한 가장 큰 십자가의 고통 앞에서도 하느님께 절규하시며 기도하셨습니다. 이렇게 예수님은 일생동안 하느님 아버지와의 친밀한 관계에서 끊임없이 기도하시며 지내셨습니다. 예수 그리스도를 닮고자 하는 우리들의 영성 생활에서 기도가 소홀해진다면 하느님의 뜻을 찾을 수도 없고 그분의 뜻을 따를 수도 없게 될 것입니다. 단 한 번의 '예수마음기도 40일 영성수련' 으로 어떤 영성의 완성을 가져오는 것은 결코 아닙니다. 40일 영성수련은 예수 그리스도를 닮아 가는 삶이 얼마나 중요한지를 배우는 영적 수업의 한 과정이라고 생각하면 좋겠습니다. 그러므로 이 수련을 마친 분들도 예수님을 본받아서 매일의 삶에서 기도드리는 자세를 매우 중요하게 여기고, 또 마음을 다해 지속적으로 기도하기를 간절히 바랍니다. 예수마음기도를 생활화할 때에 일상생활 안에서 마주하게 되는 온갖 유혹과 아픔들을 물리칠 수 있는 은총을 받을 수 있을 것입니다. 이런 의미에서 '예수마음기도 40일 영성수련'은 영적인 삶을 살아가는 데 초석이 될 수 있고, 하느님께로 향하는 올바른 길을 제시할 수가 있습니다.

기도는 하느님을 만나는 것이고, 하느님을 만나야 그분의 귀한 마음을 우리가 받을 수 있습니다. '예수마음기도 40일 영성수련'을 마친 분들도 진정으로 예수 그리스도를 따르는 제자들답게 끊임없이 기도하면서 예수님의 온유하고 겸손한 마음 그리고 사랑과 자비가 넘치는 마음을 더욱 닮아 가기를 바랍니다. 마음이 깨끗한 사람은 하느님을 뵙게 된다는 말씀을 되새기며 늘 하느님을 만나 뵙는 여정에 충실하길 빕니다.

이순간이 영원하길

예수마음기도 40일 영성수련
피정 체험 글 모음

엮은이 : 권민자
펴낸이 : 백기태
펴낸곳 : 성바오로
주소 : 서울 강북구 송중동 103-36
등록 : 7-93호 1992. 10. 6
교회인가 : 2009. 2. 23
1판 1쇄 : 2009. 3. 13
1판 6쇄 : 2011. 6. 28
SSP 866

취급처 : 성바오로보급소
전화 : 9448--300, 986--1361
팩스 : 986--1365
통신판매 : 945--2972
E-mail : bookclub@paolo.net
http://shop.paolo.net

값 10,000원
ISBN 978-89-8015-704-4